COURS SPÉCIAL

D'ANALOGIE

APPLIQUÉE

A L'ORTHOGRAPHE DES MOTS FRANÇAIS.

Les formalités voulues par la loi ont été remplies. Tout exemplaire non revêtu de ma griffe, sera considéré comme contrefait.

L'auteur tient à **Metz**, rue des Clercs, un **Pensionnat** d'internes, de demi-pensionnaires et d'externes.

Pour les jeunes gens qui suivent d'autres classes,

Un *Cours spécial d'Analogie*, en 10 leçons, sera ouvert tous les jours de classe, de 6 à 7 heures du matin.

Pour les maîtres des campagnes,

Un *Cours spécial d'Analogie*, en 4 leçons, aura lieu le *Jeudi* de chaque semaine, de 8 à 9 heures du matin.

La rétribution en sera de 1 fr. par leçon.

Je dis *par leçon*, parce que, pour le grand nombre des maîtres, *une seule leçon* suffira.

Du même auteur, pour paraître incessamment :

COURS SPÉCIAL D'ANALOGIE

Appliqué à la *Grammaire latine de Lhomond*,

Ou Méthode élémentaire sur un plan tout-à-fait neuf, plus logique, plus facile et plus accéléré.

COURS SPÉCIAL
D'ANALOGIE

APPLIQUÉE

A L'ORTHOGRAPHE DES MOTS FRANÇAIS,

OU

MÉTHODE ÉLÉMENTAIRE

SUR UN PLAN NOUVEAU,

APPLICABLE A L'ENSEIGNEMENT DE TOUTES LES LANGUES;

Par L. DANTEC,

Maître de Pension à Metz.

Prix broché: 1 fr. 25 c.

METZ,

IMPRIMERIE DE P. WITTERSHEIM, PLACE DE CHAMBRE, N° 17.

1834.

SE VEND :

METZ, chez l'Auteur, rue des Clercs.
— Mme THIEL, libraire-édit., rue du Palais.
— Mme DEVILLY, libraire, rue du Petit-Paris.
— GERSON-LEVY, libraire, rue des Jardins.

NANCY, VIDART et JULIEN, libraires.

PARIS, CHAMEROT, quai des Augustins, n° 13.
— MAIRE-NYON, quai Conti, n° 13.
— DELALAIN, rue des Mathurins-St-Jacques, n° 5.
— HACHETTE, rue Pierre-Sarrazin, n° 12.
— PERISSE FRÈRES, rue St.-André-des-Arts.
— MEYER et Compe, rue du Pot-de-Fer-Saint-Sulpice, n° 8.

EXTRAIT

DU RAPPORT FAIT A L'ACADÉMIE,

DANS LA SÉANCE DU 29 JANVIER 1832.

Le 18 octobre 1831, les trois membres de la Commission se sont rendus chez M. Dantec; ils y ont trouvé neuf enfans (1) de 10 à 12 ans qu'il avait fait venir de différentes écoles primaires de la ville, et de l'hôpital Saint-Nicolas, et qu'il avait pris au hasard, comme l'examen nous en a convaincus.

.... Puis en notre présence, M. Dantec leur fit une dictée. Tous les enfans sortirent. Nous rappelâmes chacun d'eux et séparément, pour lire en sa présence ce qu'il avait écrit, et lui demander raison des mots fautifs; c'est ainsi que nous avons distingué les fautes, en fautes d'inattention, et en fautes d'ignorance. D'autres questions adressées à chacun de ces enfans, achevèrent de nous éclairer sur sa capacité naturelle et acquise; et nous reconnûmes que, différens par leurs dispositions et généralement assez ignorans, ils étaient de véritables sujets d'expérience.

(1) L'un d'eux n'a pas suivi.

Le 22 décembre, M. Dantec nous invita à venir, le jeudi 29, constater les résultats obtenus après 50 jours de classe. L'indisposition de deux membres de la Commission fit différer cet examen jusqu'au jeudi 5 janvier.

Afin d'avoir un moyen de comparaison d'une exactitude aussi grande que les choses le comportaient, nous priâmes M. Dantec de faire aux élèves la même dictée, ce à quoi ni lui ni les élèves ne s'étaient attendus; puis d'en ajouter une seconde à peu près de moitié, mais qui fût choisie de manière à présenter des difficultés plus grandes. Les fautes furent distinguées, comme la première fois, en fautes d'inattention et en fautes d'ignorance.

Si maintenant nous considérons les fautes en masse, comme il nous semble qu'on doit le faire dans des expériences dont le but est de constater les effets d'une méthode qui doit être appliquée à des réunions d'enfans, nous verrons que la somme des fautes d'inattention, qui était de 60 dans la première épreuve, est dans la seconde réduite à 32; celle des fautes d'ignorance offre une diminution bien plus grande: de 498 qu'elle était la première fois, elle n'est plus pour la même dictée que 102.

Voilà donc des élèves qui, en 54 jours de classe, ont gagné cent pour cent sous le rapport de l'attention, élément si essentiel de tout progrès dans l'instruction, et qui ont perdu les quatre cinquièmes de leur ignorance (1).

La nouvelle dictée de la deuxième épreuve donne aussi un résultat d'ensemble qui s'écarte peu de celui-là ; et si l'on considère que, pour cette dictée, les phrases ont été choisies à cause des difficultés qu'elles présentaient, on jugera sans doute, que ces deux résultats doivent être regardés comme à peu près semblables.

Les questions adressées aux élèves dans la correction des copies, et la manière dont ils y répondirent, firent voir aussi un progrès très-sensible dans leur intelligence. Ce résultat parut bien mieux encore, quand le maître les interrogea suivant la méthode qu'il avait suivie; alors c'était à qui d'entre eux s'empresserait de répondre et de motiver l'orthographe pratique d'un mot, en citant à l'instant même plusieurs mots, ou racines, ou dérivés, ou composés de celui sur lequel ils étaient interrogés. Cet exercice montrait en même temps qu'ils avaient acquis la connaissance du sens exact de chacun de ces mots, et des rapports de génération qui lient entr'eux tous les mots d'une même famille.

---

(1) L'un d'eux, n° 6, qui avait fait 60 fautes à la première épreuve, n'en a fait que 4 à la seconde. Le progrès a été pour lui des quatorze quinzièmes. Quatre de ces enfans, celui-ci était du nombre, n'avaient pas la moindre idée de singulier, de pluriel, de masculin ni de féminin.

Cet exercice, qui nous a paru faire le fond de la méthode, est très-propre à donner une prompte et véritable intelligence des mots d'une langue, et de leur valeur. Appliqué à l'orthographe française, il devra avoir pour résultat, non seulement de la faire apprendre d'une manière raisonnée, mais encore de former le jugement des élèves, et de les mettre sur la voie des progrès. Ce qu'il y a de certain, c'est qu'à la deuxième épreuve, les enfans nous ont paru bien plus instruits qu'à la première.

M. Danteo nous a fait connoître par sa lettre du 27, que son intention était de publier sa méthode, et les procédés qu'il emploie; nous croyons qu'en le faisant, il rendra service à la jeunesse.

Signé THIEL, BLANC, B[on] DU COETLOSQUET.

PRÉFACE.

L'ANALOGIE est si naturelle à l'homme, elle joue un si grand rôle dans toutes les langues, elle offre un moyen d'instruction si logique, si facile, si rapide, qu'on s'étonne, non sans raison, que personne n'ait encore songé à en faire un corps propre de méthode. Les jeunes gens apprennent l'Analogie dans le cours de leurs classes, à-peu-près comme le commun des hommes apprennent la logique dans le cours de la vie, par l'expérience. Mais outre la lenteur nécessaire de cette marche, elle est de plus subordonnée aux circonstances, et dès-lors le résultat ne peut en être qu'imparfait, confus, incomplet. C'est une vérité dont on demeurera convaincu au premier coup-d'œil jeté sur mes exercices. Je crois donc rendre service aux jeunes instituteurs, à la jeunesse en général, en publiant mes observations sur l'analogie. Le père de famille éclairé qui veut donner à ses enfans une instruction primaire solide, les maîtres qui ont à cœur les progrès de leurs élèves, apprécieront sans doute une méthode qui, en peu de leçons, sans secours aucun, ni des langues anciennes, ni du dictionnaire, donne moyen d'apprendre et de retenir pour jamais l'orthographe pratique d'une quantité prodigieuse de mots; et si l'avantage d'étudier spécialement la logique est incontestable; si elle est le complément nécessaire, ou plutôt si elle doit être le principe de toutes les études, je me plais à croire que l'avantage de l'analogie spéciale ne tardera pas à être incontesté, et que ce moyen nouveau de progrès et de développement intellectuel pour l'enfance, sera regardé comme le complément ou plutôt comme le principe de l'instruction primaire positive.

Dans mes exercices, je n'ai pas donné à beaucoup près tous les mots dont peut se composer chaque série. Après le mot pris pour mot de départ, je me suis généralement borné à deux ou trois dérivés; mais il est clair que quand l'enfant sait pourquoi *mAnger* doit prendre un A, il ne se trompera pas sur la manière d'écrire *mAngeaille*, *démAnger*, *démAngeaison*, etc; lorsqu'il a vu pourquoi *conCilier* prend un C, il ne se trompera pas sur l'orthographe de *conCiliant*, *conCiliateur*, *conCiliation*, *réconCilier*, *réconCiliation*, etc. Toutefois il sera bon de lui donner à chercher quelques-uns des dérivés, autres que ceux qui se trouvent dans les séries; cet exercice, qui se fera de vive voix seulement, ne pourra que le pénétrer de plus en plus de l'analogie, et contribuer au développement de son attention.

Quant à la manière d'appliquer la méthode, elle est aussi simple que la méthode elle-même. J'en fais lire chaque jour une série, avec les notes ou exemples qui l'accompagnent; j'y ajoute de vive voix les développements que je n'ai pas pu mettre dans le livre, et je donne cette lecture à copier pour le lendemain. Lorsque la série est longue, je la coupe en deux, trois, etc. parties, suivant l'âge et la force des élèves. Si dans le cours de la série il se rencontre quelque chose qui soit au-dessus de la portée de l'enfant, je passe outre, et j'y reviens quand je sens que le moment est venu.

Lorsque les enfans ont déjà un degré d'instruction, ou qu'ils ont à faire d'autres devoirs, comme devoirs latins, etc., je me contente d'une simple lecture, sans faire copier, mais en faisant toujours *relire au moins une fois, ce qui a été lu la veille.*

OPINION de M. le Président de l'Académie royale, sur la méthode qui lui a été communiquée.

Monsieur, j'ai lu avec beaucoup d'intérêt vos exercices de grammaire. Le principe de votre méthode me paraît bon, et nul doute, qu'apliqué par un maître habile, il ne puisse produire d'excellens résultats.

Les avantages de votre méthode sont, si je ne me trompe, de mettre les enfans promptement au fait de l'orthographe étymologique, et de les pénétrer de la vraie valeur des mots. Sous ces deux rapports, elle peut suppléer à l'étude des langues anciennes; sous le dernier, elle ne serait même pas sans fruit pour les jeunes gens qui ont fait quelques classes.

Je suis avec, etc. Signé **Bergery.**

EXERCICES

SUR

L'ANALOGIE,

DE

L'ORTHOGRAPHE.

IDÉE GÉNÉRALE DE LA MÉTHODE.

Je donnais un jour à mes élèves une dictée dans laquelle se trouvait le mot *confessionnaux*. Les uns l'écrivirent d'une manière, les autres d'une autre, personne ne l'écrivit bien. Après l'avoir fait corriger, suivant ma coutume, je rendis ce même mot plusieurs jours de suite, sans pouvoir l'obtenir correct. Désespéré de mon peu de succès, je me demandais : Est-ce ma faute? est-ce la faute des enfans? après un moment de réflexion, j'entrevis que c'était la mienne. A l'instant, j'écris sur mon tableau le verbe CONFESSER, et je dicte : *confesser*, *confesseur*, *confession*, *confessionnal*, *confessionnaux*. J'en fais autant pour SIGNE, et je dicte : SIGNE, *signer*, *signal*, *signaux*, *significatif*, *signification*, etc. ; et je vis avec une surprise agréable que tous ces mots et beaucoup d'autres, dont la plupart étaient nouveaux pour eux, me furent apportés sans la moindre faute.

Ce résultat que je ne devais qu'à la liaison des mots, qu'à leur réunion en famille, me donna l'idée de recueillir quelques exercices, et d'essayer d'y dévoiler, d'y rendre sensible le jeu continuel de l'ANALOGIE sur l'orthographe. Cette méthode me parut devoir être utile aux enfans, en ce qu'elle aurait pour objet de leur faire apprendre l'orthographe d'une manière raisonnée, et qu'en beaucoup de circonstances, elle pourrait leur épargner la peine de feuilleter le dictionnaire. Tels sont l'origine et le but de mon systême.

DE L'ANALOGIE.

L'ANALOGIE en grammaire, ou du moins dans la partie de la grammaire dont il est ici question, indique le rapport que les mots d'une même famille ont entr'eux pour leur orthographe. Ainsi, par exemple, Les mots :

DIMINUTIF et *diminution*,

Étant évidemment de la même famille,

Il faut un T à *diminuTion*, par la même analogie qu'il y en a un à *diminuTif*;

Pour qu'on écrivît *diminuCion* ou *diminuSSion*, l'analogie demanderait qu'on écrivît et qu'on prononçât *diminuCif*, ou *diminuSSif*.

Les mots :

Divin, *divinité*,

Appartenant à la même série,

Il ne faut point d'A à *divIn*, par la même raison qu'il n'en faut point à *divInité* ;

Pour écrire *divAin*, il faudrait qu'on écrivît et qu'on prononçât *divAinité*, *divAiniser*.

Ainsi, on voit que pour l'analogie de l'orthographe, le guide principal, c'est l'oreille.

NOTIONS PRÉLIMINAIRES.

Avant de passer aux exercices sur l'analogie, je crois devoir exposer, sur l'orthographe en général, quelques règles simples, faciles à retenir, que l'on a souvent occasion d'appliquer, soit dans les devoirs qu'on donne aux enfans, soit dans les lectures qu'on leur fait faire ;

1°. Dans le corps d'un mot, devant **B** et **P**, on met presque toujours une **M** ;

EMbarras, *teMps*, *ploMb*, *caMpagne*, etc. ;

2°. **S**, entre deux voyelles, prend ordinairement le son de **Z** ; quand on veut lui donner le son de **C**, on la double ;

AppaiSer, *confeSSer*, *aSSister*, *uSage*, etc. ;

3°. On met U après C devant E, I, quand on veut lui donner le son de K ou de Q ;

CUeillir, *accUeil* ; *cercUeil*, *écUelle*, *cUiller*, etc., etc.

4°. On met U après G devant E, I, quand on veut lui donner le son qu'il a dans GA, GO, GU ;

HarangUer, *longUeur*, *gUide*, *sangUin*, etc.;

5°. On met E après G devant A, O, U, quand il doit avoir le son de J.

Il *mangEa*, nous *forgEons*, la *gagEure*, *pigEon*, *songEant*, etc., etc.;

Pour les trois dernières règles, on voit qu'il suffit de se rappeller la manière de prononcer

CA, CE, CI, CO, CU.
GA, GE, GI, GO, GU.

Mais comme toutes ces règles n'ont besoin pour être comprises d'aucune explication, je me contenterai d'exposer plus loin, dans un tableau synoptique, les principales questions, auxquelles elles peuvent donner lieu.

EXERCICES SUR L'ANALOGIE.

Dans les séries que je vais proposer, j'appellerai MOT DE DÉPART, OU MOT RACINE, le *premier mot* de chaque série, tous les autres seront considérés comme DÉRIVÉS. Je suivrai, pour plus de facilité, la progression des syllabes, autant qu'il me sera possible; et j'adopterai pour *mots racines*, tantôt les mots les plus courts, tantôt ceux dont l'orthographe présentera le moins d'équivoque à l'oreille, souvent ceux dont la valeur me semblera mieux connue. Il est inutile de dire qu'il n'y a liaison dans l'orthographe qu'autant que les mots sont de la famille, c'est-à-dire, qu'autant qu'il y a d'abord liaison ou analogie dans leur valeur. La liaison de la valeur des mots est donc la première chose à établir. Cela posé,

Dans la série :

BRAS, *branche*, *ébrancher*, etc.

Les *branches* sont à la plante ce que les *bras* sont au corps; *ébrancher un arbre*, c'est lui couper ou lui rompre les *branches*;

Mais mon oreille me dit clairement qu'il y a un A dans *brAs*; donc aussi il faut un A à *brAnche* (et non pas *brEnche*.)

Dans la série :

MOUDRE, *moulin*, *moulinet*, *molaire*, etc.

On appelle *dents molaires* les grosses dents, qui servent à broyer, à *moudre* les aliments;

Or, il faut un O à *mOudre*; donc il faut un O à *mOlaire* (et non pas *mAulaire*).

Dans la série :

CHIEN, *chenil*, *canin*, *canine*, *cynique*, *cynisme* etc.

Le mot *chenil* désigne le lieu où l'on met les *chiens* de chasse, et se dit aussi d'un logement fort sale et fort vilain; on appelle *faim canine* une faim dévorante, qu'on a peine à rassasier; et *dent canine*, une des dents pointues, qui servent à inciser les aliments; on donne l'épithète de *cynique* à une sorte de philosophes, à qui on reprochait d'être mordans et sans pudeur, comme les *chiens*;

La liaison étant ainsi établie entre tous les mots de

cette série, je remarque qu'il faut un C pour former le son *Chien*; donc aussi il faut un C à *Canin*, *Cynique* (et non pas *Kanin*, *Synique*).

Dans la série :

MESURE, *mesurer*, *dimension*, etc.

Le mot *dimension* signifie l'étendue des corps, c'est-à-dire leur *mesure*, en longueur, largeur et hauteur;

Or, *mEsure* prend un E; donc il faut un E à *dimEnsion* (et non pas *dimAnsion*);

De plus *meSure* prend une S; donc il faut une S à *dimenSion* (et non pas *dimenTion*).

DONC 1°. L'orthographe de la racine, peut donner celle des dérivés.

Dans la série :

PARFUM, *parfumer*, *parfumeur*, etc.

L'oreille distingue nettement M aux dérivés *parfuMer*, *parfuMeur*; donc aussi il faut une M à *parfuM* (et non pas *parfuN*).

Dans la série :

MONDE, *mondain*, *mondanité*, etc.

Mondain signifie qui aime les vanités du monde; on dit *cette femme est extrêmement mondaine*; on dit aussi : *sa parure est trop mondaine*, pour dire, se ressent trop des vanités du monde; *Mondanité*, vanité *mondaine*;

Mais *mondAnité* demande un A; donc aussi il faut un A à *mondAin* (et non pas *mondEin* ou *mondIn*).

Dans la série :

GAIN, *gage*, *gageure*, *gagner*, etc.

Gagner, c'est tirer un profit, faire un *gain*, obtenir, emporter le prix, le *gage*, la *gageure*;

Or, il y a un A à *gAgner*; donc il faut un A à *gAin* (et non pas *gUin*).

Il faut nécessairement un G pour former la seconde syllabe de *gaGner;* donc aussi il faut un G à *gaGe*, *gaGeure* (et non pas *gaJe*, *gaJeure*).

Dans la série :

SAGE, *sagesse*, *sagement*, *sagacité*, etc ;

La *sagacité* c'est la pénétration d'esprit, qui lui fait découvrir et démêler sûrement ce qu'il y a de plus caché, de plus difficile dans les sciences, dans une intrigue, dans une affaire; c'est cette qualité qui fait *l'homme sage*, *le sage magistrat*, *le sage général*, *le sage ministre*;

Or, il y a un G à *saGacité;* donc il faut un G à *saGe* (et non pas *saJe*).

Dans la série :

RACINE, *radical*, *radicaux*, *raifort*, *arracher*, *déraciner*, etc.

On appelle *terme radical* un mot qui est la *racine* de plusieurs autres, et *lettres radicales* les lettres qui sont dans le mot primitif, et qui se conservent dans les dérivés; le *raifort* est une plante dont on mange la *racine*; *arracher un arbre*, c'est le tirer de terre avec sa *racine*; l'analogie ne s'oppose donc pas à ce que ces mots soient réunis en famille;

Mais il y a un C dans *arraCher;* donc il faut un C à *raCine*, *déraCiner*, *radiCal* (et non pas *raSSine*, *déraSSiner*, *radiKal*);

Il y a un A à *arrAcher ;* donc il faut un A à *rAifort* (et non pas *rEfort*).

Remarquons aussi, en passant, que puisque *radicAl* prend un A, il en faut un dans *radicAux* (et non pas *radicOs*).

Dans la série, etc.

Langue, *languir*, *langueur*, *laper*, etc.

Languir, tirer la *langue*, peut s'entendre du chien, et de quelques autres animaux, lorsque la chaleur et la course leur font *perdre peu à peu* une partie de leurs forces, de leur énergie; dans l'usage ordinaire ce mot signifie être *consumé peu à peu*, par une maladie, qui ôte les forces; On dit : *Il est pulmonique, il y a trois ans qu'il languit ; on languit long-temps de ce mal-là avant que d'en mourir ;* pour *laper*, il ne se dit proprement que du chien quand il boit : *les chiens lapent ;* Mais il y a un A dans *lAper ;* donc il faut un A à la racine *lAngue*, au dérivé *lAnguir* (et non pas *lEngue*, *lEnguir*, *lEngueur*).

Dans la série :

Prendre, *prenant*, *comprendre*, etc.

J'entends E au participe présent *prEnant ;* donc il faut un E à l'infinitif *prEndre* (et non pas *prAndre*).

Dans la série :

Vendre, *vendeur*, *vénal*, *vénalité*, etc.

Vénal signifie qui se *vend*, ou peut se *vendre* ; on dit qu'un *homme a l'âme vénale*, pour dire, qu'il a l'âme basse, et qu'il ne fait rien que par un intérêt sordide, que pour de l'argent ;

Or, il y a un E à *vEnal*; donc il faut un E à *vEndre* *vEndeur* (et non pas *vAndre*).

Donc 2°. L'orthographe d'un dérivé peut ramener à celle de la racine ou d'un dérivé.

Dans la série :

Main, *manier*, *manœuvre*, *manquer*, *immanquable*, etc.

On dit : *Manier du drap pour voir s'il est doux, s'il est fin*, c'est-à-dire, prendre, tâter avec la *main*; *manœuvre*, celui qui travaille de ses *mains*, se dit surtout d'un aide à maçon, d'un aide à couvreur; on dit : *manquer une perdrix; les chasseurs ont manqué le cerf; J'ai manqué un lièvre qui était au bout de mon fusil; il a manqué l'occasion;* donc *manquer* peut se prendre pour laisser échapper ce qui est sous la *main*, à la portée de la *main*;

Mais *mAnier* et *mAnœuvre* prennent un A; donc aussi il faut un A à *mAin*, à *mAnquer* (et non pas *mEin*, *mEnquer*.)

Dans la série :

Roi, *royal*, *royaume*, *royauté*, *régner*, *régir*, *régent*, *régiment*, etc.

Régner c'est gouverner, avec le titre de *roi*; on dit : *ce monarque a sagement régi son royaume*; on dit aussi : *cet évêque a bien régi son église*; *le pilote avait beaucoup de peine à régir*; le *régent règne* par intérim, pendant la minorité du souverain; le *régiment* est gouverné par un chef, comme l'État l'est par un roi;

Or il y a un A dans *royAl*; donc, il faut un A dans

royAux, *royAume*, *royAuté* (et non pas *royEaux*, *royOme*, *royOté*);

Il y a un G à *réGner*; donc il faut un G à *réGent*, *réGiment* (et non pas *réJent*, *réJiment*);

Dans la série :

Peau, *pellicule*, *pelletier*, *dépouiller*, *spolier*, *spoliateur*, *spoliation*, etc.

Pellicule, diminutif, *petite peau*, *peau* extrêmement mince et déliée; on appelle particulièrement *pellicule*, la petite *peau* qui est au-dedans de la coque d'un œuf, et celle qui enveloppe le jaune; *pelletier*, marchand de *peaux*; *dépouiller*, ôter la peau, s'emploie dans beaucoup de circonstances; *dépouiller un lièvre*, *un lapin*; *les serpens se dépouillent tous les ans*, quittent leur peau; *on lui jeta de l'eau bouillante qui lui dépouilla toute la jambe*; *l'os est entièrement dépouillé*; on dit aussi : *les voleurs l'ont dépouillé de tous ses habits*; *il s'est dépouillé pour se jeter dans l'eau*; *les arbres se dépouillent*; *l'hiver dépouille les arbres de leurs feuilles*; on dit encore : *dépouiller un homme de tout son bien*; *dépouiller un prince de ses états*; *Spolier* est un terme de palais, qui signifie déposséder par violence, ou par fraude; *on l'a spolié de son héritage*; *il faut avant toutes choses rétablir*, *réintégrer celui qui a été spolié*;

Cela posé, je remarque un E dans *pEllicule*, *pElletier*; donc il faut un E à *pEau* (et non pas *pAu*);

Il faut un O pour faire *dépOuiller*; donc il faut un O à *spOlier* (et non pas *spAulier*);

Il y a un T à *spoliaTeur*, donc il faut un T à *spoliaTion*, (et non pas *spoliaSSion* ou *spoliaCion*).

Dans la série :

RAT, *raton*, *ratière*, *ration*, *ronger*, *rouille*, *corrosif*, *corrosion*, etc.

Par *ration*, on peut entendre la quantité de nourriture qu'il faut journellement à un *rat* ; et l'analogie fera comprendre et retenir facilement la valeur de ce mot dans les phrases : *Distribuer les rations aux soldats, les rations de foin et d'avoine aux cavaliers, donner double ration, demi-ration* ; *ronger*, couper avec les dents à plusieurs et fréquentes reprises, se dit au propre des *rats* et des souris ; la *rouille* produit sur le fer un effet analogue à celui du *rat*, lorsqu'il *ronge* quelque chose ; *corrosif*, qui *ronge*, qui entame les corps sur lesquels il est appliqué ; *l'arsenic est corrosif* ; *une humeur corrosive* ; *c'est un puissant corrosif* ; *cette humeur fit une grande corrosion* ; *la corrosion de l'estomac est un indice de poison* ;

Mais il y a un T à *raTon*, *raTière* ; donc il faut un T à la racine *raT*, au dérivé *raTion* (et non pas *raS*, *raCion* ou *raSSion*) ;

Il faut un O pour former *rOnger*, *rOuille* ; donc aussi il faut un O à *corrOsif*, *corrOsion* (et non pas *corrAusif*).

Dans la série :

SAINT, *sanctifier*, *sacrement*, *sacerdoce*, *sauver*, etc.

Un saint homme se dit de celui qui vit selon la

loi divine, qui en suit fidèlement les préceptes, qui travaille à sa *sanctification*, à son *salut*, à se *sauver*; les *sacrements* sont utiles à la *sanctification*, au *salut*, pour se *sauver*; le *sacerdoce* a mission d'administrer les *sacrements*;

Mais il y a un A bien distinct dans *sAcrement*; donc il faut un A à *sAint*, *sAnctifier*, *sAuver* (et non pas *sEint*, *sEnctifier*, *sOver*).

Il y a un C bien distinct dans *saCrement*; donc il faut un C à *saCerdoce* (et non pas *saSSerdoce*).

DONC 3° l'orthographe d'un dérivé peut ramener à celle de la racine, ou conduire à celle d'un autre dérivé.

Dans la série :

OEIL, *œillet*, *œillade*, *oculaire*, *oculiste*, etc.

On appelle témoin *oculaire*, celui qui a vu de ses yeux; et *oculiste*, ou médecin *oculiste*, un médecin pour les yeux, pour l'*œil*;

Or, la prononciation de *Oculaire*, *Oculiste*, me dit qu'il faut un O à *OEil* (et non pas *Eil*);

La prononciation de *OEil*, à son tour, me dit qu'il faut un O à *Oculaire*, *Oculiste* (et non pas *Oculaire Auculiste*).

Dans la série :

PLACE, *placer*, *placard*, *placarder*, etc.

On appel *placard* un écrit, ou un imprimé, qu'on affiche qu'on *place* dans un endroit, où il puisse être lu facilement;

Or, la seule prononciation de *placard*, imprime pour long-temps dans ma mémoire, qu'il faut un C à *plaCe*, *plaCer* (et non pas *plaSSe*, *plaSSer*);

La prononciation de *plaCe*, à son tour, me dit qu'il faut nécessairement un C à *plaCard* (et non pas *plaQuard* ou *plaKard*).

Dans la série :

CRANE, *cervelle, cerveau, cérébrale, écervelé*, etc.

On appelle *crâne* l'os qui couvre, qui contient le *cerveau*; *cervelle*, *cerveau* se prennent souvent pour esprit, entendement, jugement; on dit *cerveau timbré, fêlé, brûlé, malade; il a le cerveau creux*, c'est-à-dire, il est visionnaire; on dit d'un homme que *c'est une bonne cervelle*, pour dire, que c'est un homme de bon sens, de bon jugement; et on dit dans le sens contraire, que *c'est une petite cervelle, une cervelle légère, évaporée*, ou simplement : *c'est une cervelle*; les artères *cérébrales* qui appartiennent au *cerveau*; *écervelé* signifie qui a l'esprit léger, sans jugement; *une tête écervelée* peut donc être considérée comme une tête sans *cervelle, creuse*;

Cela posé, la seule prononciation des dérivés *Cervelle, Cerveau* me dit qu'il faut un C à *Crâne* (et non pas *Krane*);

La prononciation de *Crâne* à son tour, m'indique positivement qu'il faut un C à *Cérébrale, éCervelé* (et non pas *Sérébrale, eSServelé*);

Il y a un E à *cervElle*; donc il faut un E *cervEau* (et non pas *cervAu*, ou *cervOs*).

Dans la série:

SUC, *sucer, suçon, suçoter, sucre*, etc.

Sucer signifie tirer, pomper le *suc* avec les lèvres; *suçon* se dit d'une espèce d'élevure, qu'on fait à la peau en la *suçant* violemment; *suçoter* veut dire *sucer* plusieurs fois et à plusieurs reprises; et le *sucre* n'est autre chose que le *suC CRistalisé*;

Or, la prononciation de *suC* me dit, d'une manière non équivoque, qu'il faut un **C** à *suCer*, *suÇon* (et non pas *suSSer*, *suSSon*);

La prononciation de *suCer*, à son tour, m'indique, d'une manière non moins certaine, qu'il faut un **C** à *suC* (et non pas *suQue* ou *suKe*).

DONC 4°. Dans certains cas, la racine et le dérivé de la même famille se prêtent pour leur orthographe un mutuel secours, en sorte que si l'orthographe de la racine sert à donner l'orthographe du dérivé, celle-ci, à son tour, n'est pas moins utile pour aider à retenir celle de la racine.

IL SUIT de ce qui précède que,

Dans les séries:

BLOND, *blonde*;
BRUN, *brune*;
LÉGER, *légère*;
GRIS, *grise*;
INGRAT, *ingrate*;
FAIRE, *faisant*, *fait*, *faite*;
METTRE, *mettant*, *mis*, *mise*;

La seule prononciation des dérivés *blonDe*, *bruNe*, *légèRe*, *griSe*, *ingraTe*, *faiTe*, *miSe*, me dit qu'il faut un **D** à *blonD* (et non pas *blonS*); une **N** à *bruN* (et non pas *bruM*), etc.;

C'est-à-dire que,

Pour avoir l'orthographe *finale* d'un adjectif ou d'un participe, il suffit en général de *le mettre au féminin*.

Il suit encore de ce qui précède que, si on rapproche les séries :

Rat, *raton*, *ratière*, etc.

Ras, *rase*, *raser*, *rasoir*, etc.

Ras, qui a le poil coupé jusqu'à la peau, comme la partie de la figure d'un homme, sur laquelle un bon *rasoir* vient de passer; *il a le menton bien ras*, *la barbe rase*; il signifie aussi qui a le poil fort-court; *cette espèce de chien a le poil ras*; *du velours ras*; on dit encore *rase campagne*, pour dire, une campagne fort plate, fort unie, et qui n'est coupée ni d'éminences, ni de vallées, ni de bois, ni de rivières; *les deux armées se battirent en rase campagne*;

Sain, *saine*, *salutaire*, etc.

Saint, *sainte*, *saintement*, etc.

Sain signifie qui est de bonne constitution, qui n'est point sujet à être malade; *cet homme n'est pas sain*; *il est revenu sain et gaillard*; *sain* se dit encore pour salubre, qui sert à la santé; *l'air de cette ville est fort sain*; *les lieux marécageux ne sont pas sains*; *une nourriture saine*; *des eaux saines*; *vous n'êtes pas logé sainement dans cette maison*, *le soleil n'y donne point*; *pour vivre sainement il faut éviter toutes sortes d'excès*; *un remède*, *un médicament salutaire*;

Bas, *basse*, *bassesse*, etc.

Bat, *bâter*, *débâter*, etc.

Bas qui a peu de hauteur; on dit, d'un homme à qui l'argent commence à manquer, que *les eaux sont basses chez lui*; on dit qu'*un mot est bas*, qu'*une expression est basse*, pour dire, qu'ils ne sont en usage que dans les rangs les plus bas de la société; *la bassesse d'une expression*; *on se sent quelquefois de la bassesse de sa naissance*; ce mot signifie aussi sentiment, inclination, action, manières indignes d'un honnête homme, ou d'un homme de cœur; *bassesse d'âme*; *bassesse de cœur*; *il y a de la bassesse dans toutes ses actions*;

Bât se dit d'une selle pour les bêtes de somme; on dit, d'un homme qui a quelque chagrin caché, *vous ne savez pas où le bât le blesse*; *bâter un cheval, un mulet*; *je vais bâter mon âne et partir*;

FAIM, *famine, famélique, affamé*, etc.

FIN, *finir, final, finalement*, etc.

La *famine* est une disette générale de pain et des autres choses nécessaires à la nourriture; un homme *famélique* qui est tourmenté d'une *faim* extraordinaire, et presque continue;

Dans la lecture on doit faire entendre la consonne *finale* quand l'*initiale* du mot suivant est une voyelle; on dit, *finalement* il en est venu à bout, pour dire, *enfin*, à la *fin*;

Si on rapproche, dis-je, ces huit séries,

La seule prononciation des dérivés donnera un moyen facile et sûr pour comprendre et retenir l'orthographe respective des mots *rat, ras, sain, saint, bas, bât, faim, fin*; en d'autres termes

Il suit de ce qui précède que pour les mots dont l'analogie de la prononciation tient l'oreille en suspens pour l'orthographe, il suffit de recourir à quelques mots de la même famille, pour distinguer nettement la manière de les écrire.

TABLEAU SYNOPTIQUE

Des questions que l'on peut faire en général sur l'orthographe,

Et des formules nécessaires pour en donner la solution.

Faut-il écrire :

1. *ToMber, toNber;*
2. *CaMpagne, caNpagne;*
3. *ChaNter, chaMter;*
4. *AboNdance, aboMdance;*
5. *PloMber, ploNber;*
6. *RécoMpense, récoNpense;*
7. *PeNser, peMser;*
8. *MaNquer, maMquer;*
9. *DoMpter, doNpter;*
10. *BoMbe, boNbe;*
11. *MaNger, maMger;*
12. *ComplaisaNce, complaisaMce;*
13. *NoMbre, noNbre;*
14. *EMplâtre, eNplâtre;*
15. *ENclume, eMclume;*
16. *INfernal, iMfernal*, etc., etc.

Il faut une **M** à *toMber*, parce que devant **B** et **P** on met toujours *trois jambages.*

Il ne faut point d'**M** à *chaNter*, parce qu'on ne met *trois jambages* que devant **B** et **P** (*).

Donner, SUR CES FORMULES, *la solution des autres questions.*

FAUT-IL écrire :

17. *ESSuyer*, *eSuyer* ;
18. *CompoSer*, *compoSSer* ;
19. *USage*, *uSSage* ;
20. *ASSeoir*, *aSeoir* ;
21. *AiSance*, *aiSSance* ;
22. *ASSimiler*, *aSimiler* ;
23. *ASSembler*, *aSembler* ;
24. *OSier*, *oSSier* ;
25. *ASSurance*, *aSurance* ;
26. *PoiSon*, *poiSSon* ;
27. *PaSSage*, *paSage* ;
28. *MaSure*, *maSSure* ;
29. *ESSayer*, *eSayer* ;
30. *ViSer*, *viSSer* ;
31. *ASile*, *aSSile* ;
32. *ConfeSSeur*, *confeSeur*, etc., etc.

Il faut deux **S** à *eSSuyer*, parce que si on n'en mettait qu'une, on prononcerait *eZuyer.*

(1) Je dis *trois jambages*, parce que la prononciation de M, N, n'étant pas bien dictincte, on pourrait les confondre.

Il ne faut qu'une S à *compoSer*, parce que si on en mettait *deux*, on prononcerait *compoCer*.

Donner, SUR CES FORMULES, *la solution des autres questions.*

FAUT-IL écrire :

33. *CUeillir*, *cEillir* ;
34. *LincEul*, *lincUeul* ;
35. *CEinture*, *cUeinture* ;
36. *CercUeil*, *cercEil* ;
37. *RecUeil*, *recEil* ;
38. *CEleste*, *cUéleste*. etc., etc.

Il faut un U à *cUeillir*, parce que si l'on n'en mettait pas, on prononcerait *Seillir*.

Il ne faut point d'U à *lincEul*, parce que si on ne mettait un, on prononcerait *linKeul* (le C comme dans CA, CO, CU).

Donner, SUR CES FORMULES, *la solution des autres questions.*

FAUT-IL écrire :

39. *FougUeux*, *fougEux* ;
40. *SagEsse*, *sagUesse* ;
41. *LargEur*, *largUeur* ;
42. *LongUeur*, *longEur* ;
43. *HarangUer*, *harangEr* ;
44. *FangEux*, *fangUeux* ;
45. *LongItude*, *longUitude* ;
46. *SangUin*, *sangIn* ;
47. *ProdigUer*, *prodigEr* ;
48. *ForgEr*, *forgUer* ;
49. *RigUeur*, *rigEur* ;

50. *RigIde*, *rigUide*;

51. *PartagEr*, *partagUer*;

52. *SubjugUer*, *subjugEr*, etc., etc.

Il faut un U à *fougUeux*, sans quoi on prononcerait *fouJeux*;

Il ne faut point d'U à *sagEsse*, parce que si on en mettait un, on prononcerait *sagUesse* (le G comme dans GA, GO, GU).

Donner, SUR CES FORMULES, *la solution des autres questions.*

FAUT-IL écrire :

53. *SongEant*, *songAnt*;

54. *ForgEons*, *forgOns*;

55. *PartagEons*, *partagOns*;

56. *MangEant*, *mangAnt*;

57. *GagEure*, *gagUre*, etc., etc.

Il faut un E à *songEant*, parce que, si on n'en mettait pas, on prononcerait *songAnt* (le G comme dans GA, GO, GU).

Donner, SUR CETTE FORMULE, *la solution des autres questions.*

FAUT-IL écrire :

1. *BrAnche*, *brEnche*;
2. *MOlaire*, *mAulaire*;
3. *Canin*, *Kanin*;
4. *Cynique*, *Synique*;
5. *DimEnsion*, *dimAnsion*;
6. *DimenSion*, *dimenTion*, etc., etc.

Il faut un A après l'R à *brAnche*, *ébrAncher*, parce que l'oreille distingue un A après l'R à la racine *brAs*.

Donner, SUR CETTE FORMULE, *la solution des autres questions.*

FAUT-IL écrire :

7. *ParfuM*, *parfuN* ;
8. *MondAin*, *mondIn* ;
9. *GAin*, *gUin* ;
10. *GaGe*, *gaJe* ;
11. *SaGe*, *saJe*,
12. *RaCine*, *raSSine* ;
13. *RAifort*, *rEfort* ;
14. *LAngue*, *lEngue* ;
15. *PrEndre*, *prAndre* ;
16. *VEndre*, *vAndre*, etc., etc.

Il faut une M après l'U à *parfuM*, parce qu'il y a une M après l'U aux dérivés *parfuMer*, *parfuMeur*.

Donner SUR CETTE FORMULE, *la solution des autres questions.*

FAUT-IL écrire :

17. *MAin*, *mEin* ;
18. *MAnquer*, *mEnquer* ;
19. *RoyAux*, *royEaux* ;
20. *RoyAuté*, *royOté* ;
21. *RéGir*, *réJir* ;
22. *PEau*, *pAu* ;
23. *SpOliateur*, *spAuliateur* ;
24. *SpoliaTion*, *spoliaSSion* ;
25. *RaT*, *raS* ;
26. *CorrOsif*, *corrAusif* ;

27. *SAint*, *sInt*;

28. *SaCerdotal*, *saSSerdotal*;

29. *SAuver*, *sOver*, etc,. etc.

Il faut un A à *mAin*, parce qu'on entend distinctement un A après l'M aux dérivés *mAnier*, *mAnœuvre*.

Donner SUR CETTE FORMULE, *la solution des autres questions.*

FAUT-IL écrire:

30. *Oeil*, *Eil*;

31. *Oculiste*, *Auculiste*;

32. *PlaCe*, *plaSSe*;

33. *PlaCard*, *plaKard*;

34. *Crâne*, *Krâne*;

35. *Cerveau*, *Serveau*;

36. *SuC*, *suK*;

37. *SuCer*, *suSSer*, etc., etc.

Il faut un O à *Oeil* et à *Oculiste*, parce que ces deux mots étant de la même famille, des trois lettres O, E, A, la lettre O est la seule qui puisse convenir à la liaison de l'orthographe.

Donner, SUR CETTE FORMULE, *la solution des autres questions.*

FAUT-IL écrire:

38. *BlonD*, *blonS*;

39. *BruN*, *bruM*;

40. *LégeR*, *légeT*;

41. *GriS*, *GriT*;

42. *IngraT*, *ingraS*;

43. *FaiT*, *faiS* (participe passé);

44. *MiS*, *miT* (participe passé), etc., etc.

Il faut un **D** à l'adjectif ***blonD***, parce qu'il fait au féminin ***blonDe***, et qu'en retranchant l'*e* muet qui sert à former le féminin, il restera un **D** pour le masculin (*).

Donner*, SUR CETTE FORMULE, *la solution des autres questions.

QUE FAUDRAIT-IL pour qu'on pût écrire :

45. *BrEnche* au lieu de *brAnche* ;

46. *DimAnsion* au lieu de *dimEnsion* ;

47. *MondIn* au lieu de *mondAin* ;

48. *SaJe* au lieu de *saGe* ;

49. *RoyEaux* au lieu de *royAux* ;

50. *RoyOme* au lieu de *royAume* ;

51. *PAu* au lieu de *pEau* ;

52. *PlaSSe* au lieu de *plaCe* ;

53. *Krâne* au lieu de *Crâne* ;

54. *BlonS* au lieu de *blonD* ;

55. *griT* au lieu de *griS*, etc., etc.

L'analogie demanderait qu'on écrivît et qu'on prononçât ***brEs*** au lieu de ***brAs***.

Donner*, SUR CETTE FORMULE, *la solution des autres questions.

(*) S'il s'agit d'un adjectif tel que *sec*, *blanc*, *long*, *franc*, etc., la formule sera :

Il faut un C à *seC*, parce qu'il fait au féminin *sèChe* et qu'en retranchant *he* qui servent à former le féminin, il restera un C pour le masculin.

Appliquer cette formule aux adjectifs *blanc*, *long*, *franc*.

Dans quel cas faut-il écrire :

56. *RaT*, *raS* ;

57. *SaiN*, *sainT* ;

58. *BaS*, *baT* ;

59. *FAim*, *fIn* ;

On écrit *raT* (épeler **R—A—T**) quand ce mot a pour dérivés *raTon*, *raTière*, etc. ;

On écrit *raS* (épeler **R—A—S**) quand ce mot a pour dérivés *raSer*, *raSoir*, etc.

Donner, SUR CETTE FORMULE, *la solution des autres questions.*

Tels sont les exercices et les formules, avec lesquels l'enfant doit être *bien familiarisé*, avant de passer aux exercices divers, dans lesquels je ne ferai plus que poser les questions sur l'analogie de l'orthographe.

RÉSUMÉ.

Jusqu'ici mon système d'orthographe avait été pour mes élèves celui qu'on avait suivi à mon égard ; d'abord des phrases et ensuite des phrases, c'est-à-dire, des mots qui n'ont entr'eux aucune liaison généalogique, et qui souvent ne se représentent qu'à de grandes distances ; en sorte que l'enfant ne pouvait pas du tout, ou ne pouvait que par hasard entrevoir l'analogie. En y réfléchissant un peu, quelle force prodigieuse de mémoire ne lui fallait-il pas, pour retenir l'orthographe de cette immense quantité de mots ! Est-il étonnant après cela que tant d'enfants de 12, 14 ans, que tant de jeunes gens, qui ont fait des classes, ignorent l'orthographe étymologique, ou du moins ne puissent en rendre compte? D'ailleurs, la mémoire n'étant qu'un mécanisme, toutes les impressions qu'elle reçoit, si elles ne sont pas raisonnées, peuvent être effacées par le temps. Dans mon système, au contraire, tout est lié, tout est logique, toutes les impressions que reçoit la mémoire passent au creuset de la raison, et doivent durer autant que durera la raison. Je pourrais ajouter qu'en apprenant ainsi à lier l'orthographe, l'enfant apprend en même temps à lier et à retenir la valeur des mots; je pourrais ajouter encore que l'attention, l'intelligence et la mémoire, incessamment exercées dans tous les sens, doivent à chaque instant du jour, gagner en progrès dans l'un et dans l'autre cas.

DU DEVOIR D'ORTHOGRAPHE ET DE LA CORRECTION DES FAUTES.

Je suppose qu'un enfant, qui n'a encore aucune idée de l'analogie, écrive dix fois *raCine* et huit fois *raSSine*; sa mémoire aura reçu dix impressions que j'appelle *positives*, et huit impressions que j'appelle *négatives*. De ces dix-huit impressions reçues, quel sera le progrès pour lui? Il est clair qu'il ne sera tout au plus que de *deux impressions positives*. Que serait-ce si la quantité *négative* l'emportait! Le résultat serait *négatif*; au lieu d'avancer, l'enfant reculerait. Il suit de là que *la méthode la plus capable de multiplier les impressions positives est la meilleure.*

Or, il n'y a que deux manières d'enseigner l'orthographe : *faire écrire sous la dictée*, ou *faire copier*.

Cela posé, admettons que deux enfans d'*égale ignorance*, et de *facultés égales*, écrivent le même devoir, l'un *sous la dictée*, l'autre avec *le livre sous les yeux*. Supposons que le premier fasse 8 fautes d'ignorance et 5 fautes d'inattention; si le devoir se compose de 100 mots, par exemple, sa mémoire n'aura reçu que 87 impressions positives. Le second, au contraire, ne pouvant faire les fautes d'ignorance, puisqu'il se borne à copier, ne fera que les fautes d'inattention; et comme je leur suppose à tous deux *mêmes facultés*, il en résultera que la mémoire du second aura reçu 95 impressions positives, c'est-à-dire 8 impressions positives de plus que le premier. De ce raisonnement mathématique, il suit mathématiquement que *le moyen le plus sûr pour apprendre l'orthographe, c'est de copier beaucoup*, ou plutôt *de copier beaucoup de fois la même chose*, puisque c'est celui qui produit le plus d'impressions positives.

Voyons maintenant la manière de corriger les fautes du devoir.

Si ces fautes sont du ressort de l'analogie, comme

gIder pour *gUider*, *nOtonnier* pour *nAutonnier*, *mEnger* pour *mAnger*, *évAntail* pour *évEntail*, *divAin* pour *divIn*, *verRE* pour la racine de *veRmisseau*, *verS* pour la racine de *verREric*, etc., elles prouvent, ou que l'enfant n'a pas saisi l'analogie, ou qu'il a manqué d'attention. Dans l'un et dans l'autre cas, *il doit analyser ces fautes* verbalement d'abord, et ensuite par écrit, *sur les formules du tableau synoptique;* (*) et cette analyse réveillant nécessairement son attention sur l'analogie, doit faire une impression durable.

Mais si ces fautes sortent du cercle de ma méthode, comme seraient *confeCer* pour *confeSSer*, *FilosoFie* pour *PHilosoPHie*, etc., il n'y a plus d'analyse possible; alors la mémoire privée du secours de la raison et abandonnée à elle-même, se transforme en un tableau purement matériel, sur lequel les impressions contraires peuvent se neutraliser. Ce n'est donc pas en faisant simplement corriger ces mots, que j'obtiendrai un progrès, puisque le résultat ne sera que $-1+1=0$. Dans ce cas *je fais écrire le mot corrigé 4 ou 5 fois*, et mon résultat devient évidemment positif.

(*) Je dois ici recommander une chose que je regarde comme importante: c'est de *faire suivre toutes ces formules servilement, à la lettre.* Lorsqu'on donne de l'analyse à faire aux enfans, et qu'ils n'ont point de *modèles*, de *formules*, qu'ils vont au gré de leur imagination, de leur fantaisie, il doit arriver sou-

EXERCICES DIVERS.

Dans la série :

FAILLIR, *faute*, *fautif*, etc.

Faillir signifie manquer contre le devoir, contre la loi, errer, se tromper, se méprendre en quelque chose, faire une *faute*; *cet auteur a failli en beaucoup d'endroits*; *les plus doctes sont sujets à faillir*; *cet architecte, ce peintre, ce sculpteur a failli dans les proportions*; Corneille a dit :

Quand le bras a failli, l'on en punit la tête ;

fautif qui est sujet à *faillir*, se dit des personnes et des choses ; *cet auteur est fautif dans ses citations*; *la mémoire des vieillards est fautive*; il signifie aussi, où il y a des fautes, et alors il ne se dit que des choses ; *la table du livre est fautive*, pleine de fautes ; *dans les devoirs des élèves, on souligne les mots fautifs, pour les faire corriger* ;

FAUT-IL écrire *fAute*, *fEaute*, *fOte* ?

---

vent, et fort souvent, qu'ils s'énoncent tout au moins d'une manière irrégulière, incorrecte : si le maître passe outre, il manque à son devoir, et dès lors, je ne vois plus de progrès possibles pour l'élève ; s'il veut rectifier toutes ces phrases defectueuses, quel surcroît de besogne pour lui ! quelle perte de temps pour les autres matières de la classe ! En obligeant les enfans à suivre mot à mot les formules d'analyse, et la chose est très-facile, il en résultera donc pour le maître *une grande économie de poumons*, qui tournera toute au profit de la discipline, et pour la classe *une grande économie de temps*, qui tournera nécessairement à l'avantage des études.

Les maîtres qui ont l'expérience de l'enseignement me comprendront sans peine.

Dans la série :

BRAISE, *brasier*, *embraser*, etc.

Du bois qui fait de bonne braise; *des poires cuites à la braise*, *sous la braise*; *acheter de la braise chez un boulanger*; on dit d'un homme qui, dans un discours ou dans un écrit, passe légèrement sur quelque article qu'il ne veut pas trop approfondir, *il a passé là-dessus comme chat sur braise*; *brasier* se dit d'un feu de charbons ardens; il se dit aussi d'une espèce de grand bassin de métal, où l'on met de la braise, pour chauffer une chambre; d'un homme qui a une fièvre ardente, *c'est un brasier que son corps*; *embraser une maison*, *une ville*; *cette matière s'embrase facilement*; on dit aussi : *l'amour divin embrase son cœur*; *la guerre a embrasé toute l'Europe*;

FAUT-IL écrire *brAise*, *brEise*?

Dans la série :

TRAVAIL, *travailler*, *travaux*, etc.

Le travail est souvent le père du plaisir; *je plains l'homme accablé du poids de son loisir*; *il est infatigable*, *il travaille nuit et jour*; *il est obligé de travailler pour gagner sa vie*; on dit : *son argent travaille sans cesse*, pour dire, est continuellement replacé, produit toujours un nouvel intérêt, n'est jamais oisif; *les travaux de la campagne*; *Dieu bénira vos travaux*; ce mot au pluriel se dit aussi de certaines entreprises remarquables; *la mort l'a interrompu au milieu de ses travaux*; *les travaux d'Hercule*;

FAUT-IL écrire *travAux*, *travEaux*, *travOs*?

Dans la série :

Chair, *charnu*, *carné*, *carnassier*, *incarnation*, etc.

On guérit aisément les blessures qui ne sont que dans les chairs; *sa plaie va bien, les chairs commencent à revenir*; En terme de l'écriture, il signifie l'humanité, la nature humaine, le corps humain ; et dans ce sens, on dit : *le verbe s'est fait chair*; *la résurrection de la chair*; *cette perdrix a l'estomac bien charnu*, bien fourni de chair ; on dit aussi : *des pruneanx bien charnus ; des olives bien charnues*; *une anémone, une fleur carnée*, qui est de couleur de chair ; *les corbeaux, les loups et les vautours sont carnassiers*, avides de chair crue ; *le mystère de l'incarnation*; *l'incarnation du fils de Dieu ;*

Faut-il écrire · *chAir*, *chEr — inCarnàtion*, *inKarnation?*

Dans la-série.

Agir, *actif*, *activité*, *action*, etc.

Agir signifie faire quelque chose; *il n'est jamais sans agir* ; il signifie aussi opérer, produire quelque effet, faire quelque impression; *c'est un remède qui agit puissamment* ; *l'éloquence agit sur les esprits ; l'exemple des supérieurs agit fortement sur les inférieurs ; actif*, qui agit, ou qui a la vertu d'agir, a pour contraire *passif ;* on dit *prendre une part active dans une affaire*, pour, concourir de son action, de son influence ; *actif* signifie encore qui agit avec promptitude, avec force ; *le feu est le plus actif des éléments ; l'intempérance est le plus actif des agens de la mort* ; il signifie aussi qui est agissant, diligent, laborieux ; *c'est un homme actif, extrêmement actif* ; *l'activité du feu* ; on appelle *sphère d'activité*, l'espace dans lequel la faculté d'agir d'un agent naturel est renfermée, et hors du quel il n'a point d'action; *j'admire l'activité de cet homme; c'est un homme toujours en action*, c'est-à-dire, en mouvement, qui agit sans cesse; il signifie aussi l'opération d'un agent, de ce qui agit; *l'action du feu sur le bois; l'action du soleil sur les plantes*;

Faut-il écrire *acTion*, *acSion*, *acCion*?

Dans la série :

Non, *ne*, *ni*, *nenni*, etc.

Les mots *non*, *ne*, *ni*, *nenni*, sont des particules négatives, ou des négations; *nenni* n'est guère usité hors de la conversation familière; *voulez-vous aller à la chasse? nenni*; en parlant d'un homme complaisant qui est toujours d'accord de tout, on dit familièrement que *c'est un homme avec qui il n'y a point de nenni*; la même chose se dit d'un marchand chez lequel on trouve tout ce qu'on demande; on dit aussi *il n'y a point de nenni*, pour dire, c'est une chose forcée, nécessaire; *il faut que vous partiez demain, il n'y a point de nenni*;

Faut-il écrire *noN*, *noM*?

Dans la série :

Nom, *nommer*, *nominal*, *pronom*, etc.

Le *nom* sert à *nommer* une personne ou une chose; on dit proverbialement : *je ne lui ai jamais dit pis que son nom*, pour dire, je ne lui ai jamais rien dit d'injurieux, ni d'offensant; on dit aussi qu'*on ne saurait dire à une personne pis que son nom*, pour dire, que son nom est si décrié, si diffamé, que c'est la plus grande injure qu'on lui saurait dire ; on dit quelque fois : *je vous demande cela au nom de notre ancienne amitié, au nom de tout ce que vous avez de plus cher*, c'est-à-dire, en considération de ; *je vous conjure au nom de Dieu* ; *nom* se dit aussi pour réputation ; *il s'est fait un grand nom dans les lettres ; c'est un homme qui a un grand nom dans la guerre* ; on dit qu'*un homme est sans nom*, pour dire, qu'on ne le connaît point dans le monde, qu'il est sans crédit, sans autorité ; on appelle *prières nominales*, des prières que l'on fait pour les personnes dont on dit le nom au prône ; le *pronom* est un mot qui tient la place du nom ;

Dans quel cas faut-il écrire *noN, noM?*

Dans la série :

Grammaire, *grammairien*, *grammatiste*, *grammatical*, etc.

La grammaire française, la grammaire latine ; *grammairien*, *grammatiste*, qui sait ou qui enseigne la grammaire ; cependant ces deux mots ne doivent pas être confondus ; le grammairien traite en grand de l'art grammatical ; le grammatiste ne sort pas de la minutie des règles, il n'en démord pas ; le grammairien admire :

Je l'aimais inconstant : qu'eussè-je fait fidèle ?...
Et monté sur le faîte, il aspire à descendre, etc.

Au contraire, le grammatiste, qui ne sent pas, critique la hardiesse du vers de Racine, et prétend, contre Corneille, qu'on aspire à monter, et non point à descendre *; *grammatical*, qui appartient à la grammaire,

(*) Communiqué.

qui est selon les règles de la grammaire; *ce discours est plus grammatical qu'il n'est élégant* ;

FAUT-IL écrire *grammAire*, *grammEire*?

Dans la série :

PATIR, *patient*, *patience*, *impatience*, etc.

Pâtir signifie souffrir, avoir du mal; *l'armée a beaucoup pâti dans sa marche*; *il a été long-temps malade, il a bien pâti avant que de mourir*; *pâtir de quelque chose, pour quelque chose*, c'est-à-dire, en être puni, en souffrir du dommage; *il a fait la faute et j'en pâtirai*; *vous vous êtes trop laissé aller à vos plaisirs, votre santé en pâtira; patient* qui souffre avec modération et sans murmurer les adversités, les injures, les mauvais traitemens, etc.; *il est fort patient dans la douleur*; *il faut être bien patient pour souffrir tout cela, sans rien dire*; l'écriture dit: *la charité est patiente*; *Dieu est patient et miséricordieux*; c'est-à-dire, qu'il souffre, qu'il supporte nos fautes, pour nous donner le temps de nous corriger; *on a mis sa patience à une rude épreuve*; on dit proverbialement : *il y aurait de quoi lasser la patience d'un capucin*; on dit encore : *la patience est la vertu des ânes*, parce que cet animal endure beaucoup de mauvais traitements sans se plaindre ;

FAUT-IL écrire *paTience*, *paSSience*, *paCience*?

Dans la série :

PUR, *purger*, *purgatif*, etc.

De l'eau pure; *du vin pur*; *l'air est extrêmement pur en ce pays-là*; on dit *ce latin est du Cicéron tout pur*, pour dire, est de Cicéron même; *cette expression est de l'Italien tout pur*, *entièrement Italienne*; *pur* se dit encore des choses morales, et signifie simple, unique; *c'est la pure vérité*; *c'est un pur motif de générosité qui le fait parler*; *c'est en pure perte*, inutilement, vainement; *c'est en pure perte que vous lui donnez des conseils*, *il n'en profitera pas*; *pur* se dit aussi des choses morales, pour en marquer l'excellence; *une foi vive et pure*; *il prêche une doctrine pure*; on dit d'un homme qui a conservé sa probité, sa vertu au milieu des occasions de s'enrichir, de se corrompre, qu'*il s'est conservé pur*, que *ses mains sont pures*; *lever au ciel des mains pures*; en matière de style, *pur* se dit pour marquer la propriété des termes et la régularité de la construction; *purger* signifie nettoyer, ôter ce qu'il y a dans le corps d'impur, de grossier, de superflu, de malfaisant, *rendre pur*, avec des remèdes pris ordinairement par la bouche; *une tisane purgative*, qui a la faculté de purger;

Faut-il écrire *purGer*, *purJer* ?

Dans la série :

Parti, *partial*, *partialité*, etc.

Parti se dit de l'union de plusieurs personnes contre d'autres, qui ont un intérêt contraire; *il n'a jamais pris parti durant les guerres civiles*; *il faut toujours être du parti de la vérité*, c'est-à-dire, qu'il faut préférer la vérité à toutes sortes de considérations; *partial* qui prend les intérêts d'une personne, d'une opinion, d'un *parti*; par préférence à ceux d'un autre; *partialité* attachement par préférence aux intérêts d'un *parti*, ou d'une personne; *les partialités sont dangereuses dans un état*, *dans une communauté ; les partialités nuisent extrêmement au bien public ;*

Faut-il écrire *parTialité*, *parSialité*, *parCialité*?

Dans la série :

Partie, *partiel*, *partiellement*, etc.

Le tout est plus grand que sa partie ; ce prince perdit une partie de son royaume ; une partie de l'armée était encore campée, l'autre était en marche ; une partie de ses économies ; une partie de son autorité, de son crédit, de sa puissance ; les quatre parties du monde ; partiel, qui fait partie d'un tout ; *les sommes partielles* ; pour faire une division, on prend d'abord sur la gauche du dividende autant de chiffres qu'il en faut, pour contenir le diviseur, ce qui donne le *premier dividende partiel* ; *partiellement*, par partie ;

Faut-il écrire *parTiel*, *parCiel*, *parSiel*?

Dans la série :

Pain, *paner*, *panetière*, etc.

Bon pain ; mauvais pain ; pain bis, pain blanc, bis-blanc ; manger son pain sec ; l'écriture sainte dit que *les disciples reconnurent J.-C. à la fraction du pain* ; on dit proverbialement : *long comme un jour sans pain*, pour dire, fort long, fort ennuyeux ; *manger son pain à la fumée du rôt*, être témoin et spectateur des plaisirs d'autrui sans y avoir part ; on appelle *pain des prisonniers*, ou *pain du roi*, le pain qu'on distribue journellement aux prisonniers ; on dit qu'*un homme a mangé du pain du roi*, pour dire, qu'il a été en prison, ou aux galères ; *paner des pieds de cochon*, *des cotelettes*, les couvrir de pain émietté ; on appelle *de l'eau panée*, de l'eau où l'on a fait tremper du pain grillé, pour en ôter la crudité, et la rendre plus nourrissante ; *il ne boit que de l'eau panée* ; *panetière*, petit sac, dans lequel les bergers portent du pain, en allant garder les moutons ;

FAUT-IL écrire *pAin*, *pEin*, *pIn* ?

Dans la série :

PIN, *pinacle*, *pinastre*, *pinéale*, etc.

Le *pin* est un grand arbre toujours vert, dont on tire la résine, et qui a des feuilles menues, longues et pointues ; *pinacle*, le sommet d'un *pin*, se dit de la partie la plus élevée d'un édifice, et particulièrement de l'endroit du temple, où notre seigneur fut transporté, lorsqu'il fut tenté par le démon ; on dit, *mettre quelqu'un sur le pinacle*, pour dire, le louer extrêmement, le mettre au-dessus de tous les autres, par des louanges ; on dit encore qu'*un homme est sur le pinacle*, pour dire, qu'il est dans une grande élévation, dans une grande faveur ; le *pin sauvage* se nomme *pinastre* ; on appelle *glande pinéale*, une petite glande, qui se trouve au milieu du cerveau, et qui a la figure d'une *pomme de pin* ;

DANS QUEL CAS FAUT-IL écrire *pAin*, *pIn* ?

Dans la série :

CHEMIN, *cheminer*, *acheminer*, etc.

Chemin uni, *pierreux*, *raboteux*, *fangeux* ; *cet homme ne fait qu'aller et venir*, *il est toujours par voie et par chemin* ; on dit aussi : *il veut faire fortune*, *mais il n'en prend pas le chemin* ; *Il aspire aux dignités*, *mais on n'y arrive pas par ce chemin-là*; *la vertu est le chemin de la gloire*; on dit proverbialement *bien dépenser et peu gagner, c'est le chemin de l'hôpital*; on appelle *chemin de velours* un chemin sur une pelouse; on dit aussi *chemin de velours*, pour dire, une voie facile, agréable; *il est arrivé à la fortune par un chemin de velours; deux mulets cheminaient l'un d'avoine chargé, l'autre portant l'argent de la gabelle*; on dit *cheminer droit*, pour dire, ne point tomber en faute; *il fera bien de cheminer droit*; *cet événement peut acheminer la paix*; *acheminer un cheval*, habituer un jeune cheval à marcher droit devant lui; *quand nous aperçûmes l'orage, nous nous acheminâmes vers la ferme*; on dit qu'*une affaire s'achemine*, pour dire, qu'on l'a mise en bon train; *acheminé* adjectif, se dit d'un cheval dégourdi et presque dressé;

Faut-il écrire *chemIn*, *chemAin*, *chemEin*?

Dans la série:

Punir, *punition*, *impunité*, etc.

Punir infliger la peine, faire subir à quelqu'un la peine de son crime, de sa faute; *on l'a puni comme il le méritait*; *on l'a puni de ses malversations*; *il a été puni pour cette faute; punir* signifie quelque fois infliger une peine sans fin, par opposition à *châtier*, qui désigne une peine de correction, qui peut être suivie du pardon, du retour à l'amitié; *Dieu nous châtie en ce monde, et dans l'autre il nous punit sans retour;* on dit aussi *punir un crime, une faute*; *punir le vice et récompenser la vertu*; *on doit proportionner la punition aux fautes, aux crimes; cette action est trop noire pour de-*

meurer impunie; les coupables puissants se flattent souvent de l'impunité;

Faut-il écrire *puniTion, puniSSion, puniCion?*

Dans la série :

Grain, *graine*, *granivore*, etc.

Grain se dit du fruit et de la semence du froment, du seigle, de l'orge, de l'avoine, etc; *il a vendu tout son blé, il ne lui en reste pas un grain*; on dit aussi *grain de raisin, grain de sureau, grain de poivre, grain de moutarde*; *grain* se dit encore, par analogie, de certaines choses faites à peu près en forme de grain; *grain de chapelet*; *les grains d'un collier d'ambre*; on appelle *grains d'or*, les morceaux d'or qui se trouvent dans les rivières, ou sur la surface de la terre, de quelque volume qu'ils puissent être; on appelle *catholique à gros grain*, un catholique qui se permet beaucoup de choses défendues par la religion; *graine* se dit de la semence de quelques plantes; *graine de chou, de melon, de concombre*; en parlant de laquais, de pages, d'écoliers et d'autres jeunes gens malins, on dit familièrement que *c'est une mauvaise graine*; *granivore* s'explique tout seul;

Faut-il écrire *grAin, grEin, grIn?*

Dans la série :

Gout, *goûter*, *dégoûter*, *dégoût*, *ragoût*, etc.

Goût, celui des cinq sens par le quel on discerne les saveurs; *avoir le goût bon, le goût fin, le goût sûr, mauvais, le goût exquis, le goût dépravé, le goût usé; cela plait au goût, chatouille le goût, flatte le goût*; il signifie aussi saveur; *ce pain a un goût de noisette; cela donne bon goût aux sauces*; on dit qu'*une sauce est de haut goût*, pour dire, qu'elle est salée, épicée; et qu'*une sauce n'a point de goût*, pour dire, qu'elle ne sent rien, qu'elle est fade; il se prend aussi pour odeur; *il sent ici un goût de renfermé*; *ce tabac a un goût de pourri*; *goût* se dit aussi de l'appétit, du plaisir qu'on trouve à boire et à manger; *ce malade ne trouve goût à rien, ne prend goût à rien*; *il a entièrement perdu le goût*; *il commence à entrer en goût*; *le goût commence à lui revenir*; *goût* signifie encore discernement, la finesse du jugement; *avoir du goût pour les bonnes choses, pour les bons ouvrages*; *c'est avoir le goût fort mauvais que de trouver de l'esprit à cela*; il se prend aussi pour le sentiment agréable ou avantageux, qu'on a de quelque chose; *cet ouvrage est au goût de tout le monde*; *cela n'est pas de mon goût*; il se dit aussi de la manière dont une chose est faite, du caractère particulier de quelque ouvrage; *ce meuble est de bon goût, de mauvais goût, d'un goût nouveau*; *les pointes et les jeux de mots, dans les pièces d'éloquence, sont d'un méchant goût*; *goûter*, sentir, discerner les saveurs par le goût; *dégoûter*, ôter l'appétit, faire perdre le goût; *dégoût*, manque de goût, d'appétit; *ragoût*, mets composé de différents ingrédiens propres à irriter le goût, à exciter l'appétit;

FAUT-IL écrire *goûT*, *goûX*, *goûS*?

Dans la série :

GOUTTE, *dégoutter*, *égout*, etc.

Une goutte d'eau, de vin, de bouillon; *ce vin se conservera bon jusqu'à la dernière goutte*; *prenez une goutte de vin, une goutte de bouillon*, c'est-à-dire, une petite quantité; on dit proverbialement d'une petite chose mise ou fondue dans une grande, *c'est une goutte d'eau dans la mer* ; on dit familièrement *je n'y vois goutte, je n'y entends goutte* ; *la sueur lui dégouttait du front* ; *le sang lui dégouttait du nez* ; il se dit aussi des choses, par où l'eau, ou quelqu'autre liqueur dégoutte ; *il pleuvait tantôt, les toits dégouttent encore* ; on dit qu'*à la cour*, qu'*auprès des grands, s'il n'y pleut, il y dégoutte* ; pour dire, que si on n'y fait pas toujours fortune, au moins on en tire quelque grâce, quelque avantage ; on dit proverbialement *s'il pleut sur moi, il dégouttera sur vous*, pour dire, s'il m'arrive quelque chose de bien, ou de mal, vous en aurez votre part ; on dit aussi dans le même sens, *quand il pleut sur le curé, il dégoutte sur le vicaire* ; *il a recueilli l'égout de plusieurs sources, et en a fait de belles fontaines* ; *il n'est pas permis de laisser tomber l'égout de ses eaux sur son voisin* ; *on fait des canaux de plomb pour recevoir l'égout des eaux* ; on appelle encore *égout*, le cloaque, le conduit par où s'écoulent les eaux et les immondices d'une ville ; *l'égout est bouché, les eaux regorgent* ; on dit par extension qu'*une plaie, un ulcère, une jambe ouverte est l'égout du corps* ; on dit qu'*une ville*, qu'*un lieu est l'égout du pays*, pour dire, qu'elle est, ou qu'il est le lieu où se rendent les gens de mauvaise vie, etc.

Faut-il écrire *égouT*, *égouS*, *égouX* ?

Dans la série :

Tan, *tanner*, *tanneur*, etc.

Le *Tan* c'est l'écorce du chêne moulue, avec laquelle on prépare les gros cuirs ; *peler de jeunes chênes pour en faire du tan*; *tanner*, préparer les cuirs avec du tan; il signifie aussi fatiguer, ennuyer, molester; et dans ce sens on dit familièrement *c'est un homme tannant*, *c'est un homme qui me tanne*; *un drap tanné*, *un chien tanné*, de couleur à peu près semblable à celle du *tan*; *cette étoffe tire sur le tanné*; *tanneur*, ouvrier qui tanne les cuirs, etc.

Faut-il écrire *taN*, *taM*, *tanT*?

Dans la série :

Temps, *tempête*, *tempêter*, etc.

Le *temps* est la mesure de la durée des choses; *cet importun vient me prendre*, *me voler*, *me faire perdre mon temps*; en style poétique on dit que *le temps dévore tout*; et *dans la nuit du temps*, pour dire, dans les temps les plus éloignés, et dont on n'a aucune connaissance certaine; *temps* se dit encore de la disposition de l'air; *il fait beau temps*, *vilain temps*, *mauvais temps*; on dit proverbialement, *il fait un temps de demoiselle*, c'est-à-dire, il ne fait ni poussière ni soleil; en parlant d'un homme puissant et qui est en grand crédit dans un pays, ou dans quelque maison particulière, on dit *qu'il y fait la pluie et le beau temps*; la *tempête* est ordinairement accompagnée de pluie, de grêle, de vent, d'éclairs, de tonnerre, etc.; de là, dans le style familier, *tempêter* signifie faire bien du bruit; *il ne fait que crier et tempêter*; *qu'a-t-il donc à tempêter comme il fait?*

Dans quel cas faut-il écrire *taN*, *temPs*?

Dans la série :

MOUVOIR, *mobile*, *mobilité*, etc.

Mouvoir un bloc de bois, de pierre, de marbre, le mettre en mouvement, lui faire changer de place ; ***mobile*** qui se meut ou qui peut être mu ; ***il y a des corps plus mobiles les uns que les autres*** ; on appelle ***caractère mobile***, un caractère changeant ; ***une imagination mobile***, c'est une imagination qui reçoit aisément et promptement des impressions différentes ; en mécanique ***le mobile*** se dit et du corps qui est mu, et de la force mouvante ; ***l'eau est le mobile de cette machine*** ; ***le premier mobile*** se dit d'un homme qui donne le branle, le mouvement à une affaire, à une compagnie ; ***un tel est le premier mobile de cette affaire, de cette conjuration*** ; on dit aussi ***l'intérêt est le mobile de la plupart des hommes*** ; ***l'argent est le mobile universel*** ; ***mobilité***, facilité à être mu ; ***la mobilité des corps sphériques*** ; on dit aussi ***la mobilité de son caractère, de son esprit, de son imagination***, pour dire, la facilité à passer promptement d'une disposition à une autre, d'un objet à un autre ;

FAUT-IL écrire *mObile*, *mAUubile* ?

Dans la série :

OUBLIER, *oublieux*, *oubli*, etc.

Oublier, perdre le souvenir de quelque chose ***je savais tout cela par cœur, je l'ai oublié*** ; on dit ***oublier une injure, une offense***, pour dire, ne garder plus de ressentiment d'une injure, d'une offense ; ***il faut vous reconcilier ensemble et oublier tout ce qui s'est passé*** ; on dit proverbialement qu'***un homme n'oublie rien pour***

dormir, pour dire qu'il se souvient fort bien de tout ce qui touche ses intérêts; on dit qu'*une personne*, qu'*une chose est mise au rang des péchés oubliés*, pour dire, qu'on n'y songe plus; *oublieux* sujet à oublier; *les vieillards sont ordinairement oublieux*; *cette femme est extrêmement oublieuse*; *oubli* le manque de souvenir; *un profond oubli*; *ensevelir dans l'oubli*; *tirer de l'oubli*; selon la fable, on appelle *fleuve d'oubli*, et autrement *le Lethé*, un fleuve que les anciens supposaient être dans les enfers, et dont les eaux avaient la faculté de faire *oublier* toutes choses;

Faut-il écrire *oubli*, *oubliT*, *oubliS*?

Dans la série :

Trembler, *intrépide*, *intrépidité*, etc.

La fièvre le fait trembler; *les feuilles des arbres tremblent au moindre vent*; *trembler de froid*; *trembler de peur*; *au bruit de l'artillerie toute la maison trembla*; *trembler* se dit aussi des choses qui ne sont pas fermes et qui s'ébranlent facilement; *on ne peut avec sûreté passer sur ce plancher, sur ce pont, il tremble*; il signifie aussi craindre, appréhender, avoir grand' peur; *ce prince est redoutable*; *il fait trembler toute l'Europe*; *je tremble d'avouer*; *tremblement* agitation de ce qui tremble; *il lui prit un grand tremblement*; on dit aussi *tremblement de terre*; *la Sicile est sujète à de grands tremblemens de terre*; *Lisbonne a été renversée par un tremblement de terre*; *un homme intrépide*, qui ne tremble pas à la vue du péril; *marcher à la mort d'un pas intrépide*; *dans plus d'une circonstance nos soldats ont fait voir une intrépidité héroïque*;

Faut-il écrire *trEmbler*, *trAmbler*?

Dans la série :

JARDIN, *jardinier*, *jardinage*, etc.

Jardin potager ; *jardin fruitier* ; *se promener dans un jardin* ; on dit qu'*un homme fait d'une chose comme des choux de son jardin*, pour dire, qu'il en dispose comme si elle était à lui ; *il semble que cela soit à vous, vous en faites comme des choux de votre jardin* ; on dit *jeter une pierre, des pierres dans le jardin de quelqu'un*, pour dire, mêler dans un discours des paroles qui attaquent quelqu'un indirectement ; *ne voyez-vous pas qu'en disant telle chose, il jetait des pierres dans votre jardin* ; *ce mot est une pierre jetée dans mon jardin* ; *jardinier*, celui dont le métier est de travaillller aux jardins ; il se dit aussi de celui qui entend bien l'ordonnance, la culture, l'embellissement des jardins, et qui en donne les dessins ; *cet homme est un très-habile jardinier, un excellent jardinier* ; *jardinage*, l'art du jardinier, l'art de cultiver les jardins ;

FAUT-IL écrire *jardIn*, *jardAin*, *jardEin* ?

Dans la série :

SEC, *sèche*, *sécher*, *siccité*, etc.

Sec comme une allumette ; *cet arbre est tout sec, il est mort* ; *l'été a été fort sec* ; *il fait un temps bien sec* ; *sec* est quelquefois opposé à vert ; *ainsi l'on dit du fourrage sec* ; on appelle *pays sec* celui qui n'est pas coupé de beaucoup de ruisseaux, par opposition à pays humide ; *un froid sec* se dit par opposition à froid humide, pour désigner celui qu'on éprouve par un vent du Nord ; *il a vu mourir son ami d'un œil sec*, c'est-à-dire, sans s'attendrir, sans verser des larmes; on dit qu'*un homme a une toux sèche*, quand il tousse sans cracher; *un esprit sec*, un esprit dénué d'agrément; *une âme sèche*, une âme froide et peu sensible; *sec* est aussi substantif; *le sec et l'humide*; on dit *employer le sec et le vert*, pour dire, employer toutes sortes de moyens pour réussir à quelque chose; *le soleil sèche les prairies*; *le grand hâle sèche les fleurs*; *la chaleur a été si grande qu'elle a séché les ruisseaux*; on dit *sécher les larmes*, pour dire, consoler, faire cesser les pleurs; *le temps séchera vos larmes*; *elle eut bientôt séché ses larmes*; *sécher* signifie aussi devenir sec; on dit qu'*un homme sèche d'ennui*, *de langueur*, *de tristesse*, pour dire, qu'il se consume d'ennui, de langueur, de tristesse; *siccité*, qualité de ce qui est *sec*, séché, desséché; *faire évaporer jusqu'à siccité*;

Faut-il écrire *seC*, *seQue* — *siCCité*, *siCSité*?

Dans la série :

Bon, *bonne*, *bonifier*, etc.

Dieu est souverainement bon; *de bon pain*, *de bon vin*, *de bonne eau*; *cet homme a de bonnes qualités*; on dit proverbialement *après bon vin*, *bon cheval*, pour dire, que quand on a un peu bu, on fait aller son cheval meilleur train; *bonifier* rendre *bon*, mettre en meilleur état; *on bonifie les terres en les fumant*, *en les marnant*; *plusieurs choses se bonifient étant gardées*, *telles que le vin*, *le café*, etc.

Faut-il écrire *boN*, *bonT*?

Dans la série :

BOND, *bondir*, *rebondir*, etc.

La balle a fait deux bonds, trois bonds; attendre la balle au bond; prendre la balle au bond, entre bond et volée; on dit *prendre la balle au bond*, pour dire, faire une chose précisément dans le moment qu'elle est faisable; on dit aussi : *prendre la balle entre bond et volée*, pour dire, faire une chose dans un moment après lequel il serait à craindre qu'elle ne manquât; et *faire une chose tant de bond que de volée*, pour dire, la faire d'une manière ou d'une autre, selon qu'on le peut; on dit qu'*une balle fait un faux bond*, lorsqu'en faisant le *bond*, elle s'écarte du lieu où vraisemblablement elle devait retomber; on dit qu'*un homme a fait faux bond à un autre*, lorsqu'il a manqué à ses engagements, à ce qu'on était en droit d'attendre de lui; *faire faux bond à son honneur*, c'est manquer à ce qu'on doit à son honneur; *cette balle est trop molle, elle ne bondit point*, etc.

DANS QUEL CAS FAUT-IL écrire *boN, bonD*?

Dans la série :

GRAS, *graisse*, *graisser*, *dégraisser*, etc.

Il est gros et gras, gras comme un moine; on dit *tuer le veau gras*, pour dire, faire quelque régal extraordinaire à une personne dont l'arrivée fait un extrême plaisir; *voilà vôtre fils arrivé, il faut tuer le veau gras*; on dit d'une personne maigre que *la graisse ne l'empêche pas de courir*; *graisser des bottes, des souliers*; *graisser les roues d'une voiture*; on dit proverbialement *graissez les bottes d'un vilain, il dira qu'on les lui brûle*, en parlant d'un avare qui, pour se dispenser de la reconnaissance, se plaint même des services qu'on lui rend; la même chose se dit aussi quand on se met en devoir de faire plaisir à un homme de mauvaise humeur, et qu'il s'imagine qu'on veut lui faire de la peine; on dit populairement *graisser les épaules à quelqu'un*, pour dire, lui donner des coups de bâton; *dégraisser le pot*, *dégraisser le bouillon*;

FAUT-IL écrire *grAisse*, *grEisse*?

Dans la série :

CACHET, *cacheter*, *décacheter*, etc.

On appelle *cachet* un petit sceau avec lequel on ferme les lettres, les billets; *cachet bien gravé*; *cachet d'or*, *d'argent*, *d'agathe*; il se dit aussi de l'empreinte formée sur la cire avec le cachet; *le cachet est entier*; *le cachet est rompu*; on dit qu'*une lettre est à cachet volant*, lorsque le cachet mis sur l'enveloppe ne la ferme pas; on dit qu'*une chose porte le cachet de quelqu'un*, *qu'il y a mis son cachet*, pour dire, qu'elle le fait reconnaître pour en être l'auteur; on dit dans le même sens : *son style a un cachet particulier*; *cet écrivain a son cachet*; *cacheter une lettre*, *un paquet*; *décacheter*, ouvrir ce qui est cacheté;

FAUT-IL écrire *cacheT*, *cacheZ*?

Dans la série :

CHALEUR, *chauffer*, *chaudière*, *chaudron*, *calorique*, etc.

Chauffer le four; *chauffer de l'eau*; *se chauffer les pieds*, *les mains*; on dit familièrement à un homme qu dit quelque chose de méprisant ou d'offensant d'un autre, *allez lui dire cela, et vous chauffer au coin de son feu*, pour dire, qu'on ne serait pas bien venu à aller lui tenir ce langage dans un lieu où il serait le maître; on dit aussi : *le four chauffe*, *le bain chauffe*; on dit d'un gros nuage éclairé du Soleil pendant un temps chaud, que *c'est un bain qui chauffe*; en termes de guerre, *chauffer un poste*, c'est faire tirer vivement l'artillerie sur ce poste; on dit par analogie, *chauffer quelqu'un*, pour dire, l'attaquer vivement par des raisonnemens, ou par des plaisanteries; on appelle *chaúdière* un grand vaisseau ordinairement de cuivre, où l'on fait cuire, bouillir, chauffer quelque chose; le *calorique* n'est autre chose que la chaleur;

Faut-il écrire *chAudière*, *chEaudière*, *chOdière* — *Calorique*, *Kalorique*?

Dans la série :

Excepté, *excepter*, *exception*, etc.

Excepté sorte de préposition, qui signifie hors, à la réserve de; *il travaille toute la semaine, excepté le dimanche*; *ils se ressemblent parfaitement, excepté que l'un est un peu plus grand que l'autre*; excepter, désigner quelque chose, quelque personne, comme n'étant pas comprise dans un nombre, dans une règle, où il semble qu'elle devait être; *ces verbes-là ont un tel régime, ces noms se déclinent ainsi; mais il faut en excepter celui-là*; *vous me ferez tous ce devoir, je n'en excepte personne*; *les exceptions des adjectifs*; *il n'y a pas de règle si générale qui n'ait son exception*;

Faut-il écrire *excepTion*, *excepSion*, *excepCion*?

Dans la série :

METTRE, *admettre, admis, admissible, admission, etc.*

Mettre, poser, placer quelqu'un, ou quelque chose dans un certain lieu ; *mettre des livres sur une table ; mettre des porcelaines sur une cheminée ; mettre la main à la plume*, se dit pour commencer à écrire, entreprendre un ouvrage par écrit ; *mettre la plume à la main de quelqu'un*, lui enseigner à tenir la plume ; *mettre le comble à un bâtiment*, et, par analogie, *mettre le comble à la folie, à l'absurdité, à l'ingratitude, à l'outrage, à ses bienfaits ; admettre quelqu'un au rang, au nombre de ses amis ; admettre aux ordres sacrés, à la sainte table* ; le participe passé *admis*, fait au féminin *admise* ; *admissible* signifie qui peut être admis ; *admission* c'est l'action par laquelle on est admis ; *depuis son admission aux ordres sacrés, il a toujours vécu en bon ecclésiastique* ;

FAUT-IL écrire *admiSSible, admiCible — admiSSion, admiTion* ?

Dans la série :

PLANT, *planter, plantation*, etc.

On appelle *plant*, le scion qu'on tire de certains arbres, pour *planter* ; on dit *je voudrais bien avoir du plant de cet arbre-là ; plant de vignes ; élever du plant* ; en parlant de vignes, on appelle *jeune plant, nouveau plant*, les vignes qui ne font que commencer à produire ; on dit d'un verger de jeunes arbres, que *c'est un jeune plant ; planter un arbre ; planter au cordeau ; planter en quinconce; planter une borne, planter des jalons; planter un étendard; planter un drapeau;* on dit *planter l'étendard de la croix, planter la foi dans un pays*, pour dire, y introduire la véritable religion, la religion catholique; on dit que *saint Thomas a planté la foi, la religion dans les Indes; ce n'est pas le temps de la plantation; il n'est occupé que de la plantation de son jardin;*

FAUT-IL écrire *planT, planS?*

Dans la série:

PLAN; *plane, planer*, etc.

Un angle plan, une surface plane, une figure plane; un plan vertical, un plan incliné; les corps sont terminés par des surfaces planes, ou courbes; le plan d'une ville, d'un jardin, d'une bataille, etc., la délinéation, le dessin d'une ville, d'un jardin, sur le papier, sur une surface *plane*; *planer* se dit proprement d'un oiseau, lorsqu'il se soutient en l'air sur ses aîles étendues, sans qu'il paraisse les remuer; et, par analogie, il signifie considérer de haut; *de cette hauteur on plane au loin sur la campagne*; il s'applique encore aux considérations de l'esprit, et se dit d'une vue élevée et générale: *son génie plane sur ces matières;*

DANS QUEL CAS FAUT-IL écrire *plaN, PlanT?*

Dans la série:

ÉPARS, *éparse, épandre, répandre*, etc.

Les loups avaient épouvanté le troupeau, il était épars dans les blés, dans les vignes; il a ramassé toutes les particularités de notre histoire qui étaient éparses dans les livres, dans les chartes, etc.; le mot *épandre* signifie poser, jeter épars çà et là; il se dit des choses liquides, et de celles qui peuvent aisément s'amasser ensemble et aisément se séparer, comme de l'eau, de la paille, du foin, du fumier, du sable, des pièces d'argent, etc.; *ce fleuve épand ses eaux dans la campagne*; *épandre du foin pour le faner*; *épandre du fumier dans un champ pour l'engraisser*; *épandre du grain dans une terre*; on dit avec le pronom personnel, *les eaux s'épandirent par la campagne*; *répandre* s'emploie dans le même sens; *le soleil répand sa lumière*; *ces fleurs répandaient une odeur agréable qui parfumait l'air*; *ce fleuve, en sortant de son lit, a répandu ses eaux dans la campagne et l'a inondée*; on dit aussi *cette hérésie a répandu son venin dans tout ce pays-là*; *la nouvelle du gain de la bataille se répandit en un instant*; *cet écrivain a répandu beaucoup de jour, beaucoup d'agrément sur cette matière*;

FAUT-IL écrire *éparS, éparT — épAndre, épEndre?*

Dans la série :

MACHER, *mâchoire*, *manger*, etc.

Les viandes qu'on a bien mâchées sont à demi digérées; en parlant d'un homme qui voit manger et qui aurait bonne envie de manger aussi, on dit qu'il *mâche à vide*; et d'un homme qui a long-temps attendu après une succession, qu'*il y a long-temps qu'il mâche à vide*; d'un homme qui n'entend point les affaires, ou qui ne veut pas se donner la peine qu'il faut pour les entendre, on dit qu'*il faut lui mâcher tous ses morceaux*; en parlant de quelque chose de désagréable, de fâcheux qu'on a dit à quelqu'un durement et sans adoucissement ; on dit *je ne le lui ai point mâché* ; on dit *jouer de la mâchoire* ou *des mâchoires*, pour dire, *manger* ; on dit d'un homme qu'*il a la mâchoire pesante*, qu'*il a la mâchoire lourde*, pour dire, qu'il s'exprime lourdement et sans grâce ; *manger du pain, de la viande, du fruit ; le loup mange la brebis* ; on dit proverbialement *qui se fait brebis, le loup le mange*, pour dire, que qui a trop de bonté, trop de patience, trouve bientôt des gens qui en abusent ;

Faut-il écrire *mAnger*, *mEnger* ?

Dans la série :

Facile, *difficile*, *difficulté*, etc.

Facile signifie aisé, qu'on peut exécuter sans peine ; *il n'y a rien de si facile ; cela est facile à dire et non à faire* ; on dit qu'*un homme est de facile accès*, pour dire, qu'il est aisé de l'aborder et de lui parler ; *facile* signifie aussi condescendant, commode pour le commerce ordinaire de la vie ; *c'est un homme facile, d'une humeur traitable et facile ; être d'un naturel doux et facile* ; *facile* se dit aussi quelquefois en mauvaise part, d'un homme qui n'est pas ferme dans les occasions où il le faut être, mais qui se laisse aller trop aisément ; *c'est un homme trop facile, on fait de lui tout ce qu'on veut ; une entreprise difficile* ; *un auteur difficile à entendre* ; *un homme de difficile accès, de difficile abord* ; on dit qu'*un homme est difficile, fort difficile*, pour dire, qu'il est malaisé à contenter ; on dit qu'*un homme est difficile à ferrer, à chausser*, pour dire, qu'il est difficile d'obtenir de lui ce qu'on souhaite, de lui persuader ce qu'on veut, ce qu'on désire, qu'il est peu accommodant; *cette entreprise présente des difficultés insurmontables; il y a bien des difficultés dans cet auteur, dans ces passages;*

FAUT-IL écrire *diffiCile*, *diffiSSile*?

Dans la série :

HOMME, *humain*, *humanité*, etc.

Tous les hommes sont sujets à la mort; pour marquer qu'un homme, quelque sage qu'il soit, a toujours quelque foiblesse, on dit proverbialement qu'*il y a toujours de l'homme partout*, qu'*il s'y mêle toujours de l'homme*; et lorsqu'on parle d'une personne de piété, qui se laisse aller à des mouvements de passion et d'intérêt, on dit qu'*il y entre bien de l'homme*; d'un méchant homme, capable de faire toutes sortes de mauvaises actions, *c'est un homme de sac et de corde*; homme seul se dit quelquefois pour homme de cœur, homme de fermeté; *c'est un homme que cet homme-là*; on dit *le corps humain*, *l'esprit humain*, pour dire, le corps, l'esprit de l'homme; *les faiblesses*, *les infirmités de l'humanité*, c'est-à-dire, de la nature humaine

FAUT-IL écrire *humAin*, *humIn*?

Dans la série :

MUTIN, *mutiner*, *mutinerie*, etc.

Mutin signifie opiniâtre, querelleur, obstiné, têtu; *il est mutin, elle est mutine*; il signifie aussi séditieux; *ces peuples sont légers et mutins*; en ces deux sens, il se met substantivement; *il fait le mutin*; *voyez le petit mutin*; *les mutins se rendirent les maîtres*; *on punit le chef des mutins*; *se mutiner*, se porter à la sédition,

5.

à la révolte; *les troupes se mutinèrent*; il se dit aussi d'un enfant qui se dépite; *un enfant qui se mutine, qui est sujet à se mutiner*; *des troupes mutinées*; *le peuple mutiné*; on dit, en poésie, *les flots, les vents mutinés*, pour dire, les flots agités, les vents impétueux; *la mutinerie des troupes*; *apaiser la mutinerie*; il se dit aussi de l'obstination d'un enfant qui se dépite; *il faut punir les enfans de leur mutinerie*;

FAUT-IL écrire *mutIn, mutAin?*

Dans la série :

PORE, *poreux, porosité, etc.*

On appelle *pore*, l'ouverture imperceptible de la peau des animaux, par où se fait la transpiration, et par où sortent les sueurs; *en été, les pores sont plus ouverts*; *le froid resserre les pores*; il n'est guère d'usage qu'au pluriel; il se dit aussi de toutes les petites ouvertures de toute sorte de corps; *la plupart des corps ont des pores, sont pleins de pores*; *la lumière passe au travers des pores du verre*; *poreux*, qui a des *pores*; *porosité*, qualité des corps considérés comme *poreux*;

FAUT-IL écrire *porE, porT?*

Dans la série :

PORT, *porter, porteur*, etc.

En parlant d'un vaisseau, on dit qu'*il est du port de tant de tonneaux*, c'est-à-dire, qu'il peut porter tant de tonneaux de marchandises; il se dit aussi du droit qu'on paie pour la voiture des effets que portent les rouliers, ou les messagers, et pour les lettres qu'on reçoit par la voie de la poste; *il a donné tant par livre à la messagerie pour le port de ses effets*; *cela a coûté tant de port*; il se dit aussi pour signifier le maintien d'une personne, la manière dont une personne qui est debout, porte sa tête, marche, se présente, etc.; *un port noble et majestueux*; en parlant d'une femme bien faite et qui a l'air noble, on dit dans le même sens *qu'elle a le port d'une reine*, *un port de reine*; on dit à peu près dans le même sens *cette personne a un beau port de tête*; en botanique *le port d'une plante* résulte non pas de la structure particulière de chaque partie, mais du tout ensemble; *cette plante a le port de la ciguë*; on appelle aussi *port* un lieu propre à recevoir des vaisseaux, des bateaux, etc.; par conséquent dans une ville maritime, par exemple, le *port* est à ce qui vient par eau, ce que la *porte* est à ce qui vient par terre;

DANS QUEL CAS FAUT-IL écrire *porE*, *porT*?

Dans la série :

BOEUF, *bouvier*, *bouvillon*, etc.

Un troupeau de bœufs; *le meuglement*, *le beuglement des bœufs*; *des bœufs qui mugissent*; *une tranche de bœuf*; *une culotte de bœuf*; on dit, par injure, d'un homme stupide et hébêté, *c'est un bœuf*, *un vrai bœuf*; *lourd comme un bœuf*; *bouvier*, *bouvière*, celui ou celle qui conduit les bœufs et qui les garde, est aussi un terme d'injure, qui se dit d'un homme grossier; *c'est un gros bouvier*, *un vrai bouvier*; *bouvillon* petit, jeune bœuf;

FAUT-IL écrire *bOeuf*, *bEuf*?

Dans la série :

NAÎTRE, *naissance*, *natal*, etc.

Tout ce qui naît est sujet à mourir; *naître aveugle*, *boiteux*; *il est sourd et muet de naissance*; *naissance* se dit quelquefois des bonnes et des mauvaises qualités avec lesquelles on est né; *la plus heureuse naissance a encore besoin d'une bonne éducation*; il se dit aussi en parlant du temps où la verdure et les fleurs commencent à pousser, où le jour commence à éclore; *à la naissance de la verdure*; *la naissance du jour*; il se prend encore pour commencement; *la naissance du monde*; *la naissance d'un Etat*; *c'est de là que les désordres*, *les troubles prirent naissance*; *son pays natal*; *sa ville natale*; *respirer l'air natal*;

FAUT-IL écrire *nAitre*, *nEitre*, etc. ?

Dans la série :

PLI, *plier*, *déplier*, etc.

Faire un pli à une étoffe; *faire plusieurs plis*, *plusieurs petits plis*; on appelle aussi *pli* la marque qui reste à une étoffe, pour avoir été pliée; *un habit qui fait un faux pli*; *un mauvais pli*; on dit qu'*un habit a pris son pli*, pour dire, que les plis qui y sont, y demeureront toujours; et qu'*un habit ne fait pas un pli*, pour dire, qu'il est juste à la taille; on dit proverbialement d'un homme qui n'est pas d'âge ou d'humeur à se corriger facilement, à changer d'habitude, *il ressemble au camelot*, *il a pris son pli*; et absolument *il a pris son pli*; on dit dans le même sens, *le pli est pris*, *vous n'en viendrez pas à bout*; on dit d'un jeune homme qu'*il a pris un bon pli* ou *un mauvais pli*, pour dire, qu'il est déjà tout formé aux habitudes du bien ou du mal; on dit, dans le même sens, *donner un bon pli à la jeunesse*; on appelle l'endroit où le bras, où le jarret se plient, le *pli du bras*, *le pli du jarret*; on dit qu'*un homme a des plis au front*, *au visage*, pour dire, qu'il a des rides; en parlant de lettres et de paquets, on dit *sous le même pli*, pour dire, sous la même enveloppe; *plier* c'est mettre en un ou plusieurs doubles, en un ou plusieurs plis, avec quelque arrangement; en ce sens, il ne se dit proprement que du linge, des étoffes et du papier; *plier du linge*, *plier des habits*, *des hardes*; *plier des serviettes*; *plier une lettre*; *plier en quatre*; *déplier* c'est étendre une chose qui était pliée, c'est défaire le pli, les plis;

FAUT-IL écrire *plI*, *pliT*, *pliS*?

Dans la série:

MATIN, *matinée*, *matinal*, etc.

Le *matin* c'est la première partie du jour, les premières heures du jour; *il se lève de bon matin*, *de grand matin*; *l'étoile du matin*; on dit familièrement *j'irai vous voir un de ces matins*; *on ira chez lui un beau matin*, pour signifier, un jour, un temps qui n'est pas réglé; on dit en poésie *les portes du matin*, pour dire l'aurore, ou le levant; on dit proverbialement d'un homme fin et précautionné qu'*il faudrait se lever bien matin pour le surprendre*; on dit aussi *qui a bon voisin a bon matin,* pour dire, que lorsqu'on a un bon voisin, on vit tranquille chez soi; et le proverbe s'applique en général à tous les avantages qu'on peut retirer d'un bon voisin; *rouge soir*, *et blanc matin*, *c'est la journée du pèlerin*, c'est-à-dire, que le ciel, rouge au soir et blanc au matin, présage un beau temps; la *matinée* c'est la partie du matin qui s'étend depuis le point du jour jusqu'à midi; on dit familièrement *dormir la grasse matinée*, pour dire, dormir bien avant dans le jour; *matinal* qui s'est levé matin; *vous êtes bien matinal aujourd'hui*; on dit poétiquement *l'aube matinale*, pour dire, l'aurore;

Faut-il écrire, *matIn*, *matAin*?

Dans la série:

Charlatan, *charlataner*, *charlatanerie*, etc.

Charlatan, vendeur de drogues, d'orviétan, et qui les débite dans les places publiques, sur des théâtres, sur des traiteaux; c'est ordinairement un terme de mépris; *remède de charlatan*; il se dit aussi d'un médecin qui est hâbleur, qui se vante de guérir toutes sortes de maladies; *ce n'est point un médecin, ce n'est qu'un charlatan*; il signifie encore celui qui cherche à en imposer, à se faire valoir par un grand étalage de paroles, ou par le faste de ses actions; *n'écoutez pas cet homme-là, c'est un charlatan*; *charlataner*, tâcher d'amadouer, de tromper par flatteries, par belles paroles; *il pensait me charlataner*; *ne vous laissez pas charlataner*; *charlatanerie*, hâblerie, flatterie, discours artificieux, pour tromper quelqu'un; *tout ce qu'il vous dit n'est que charlatanerie*;

Faut-il écrire *charlatAn*, *charlatEn* — *CharlataN*, *charlatanT*?

Dans la série:

Lait, *laitage*, *laitière*, *lactée*, etc.

Les médecins lui ont ordonné de prendre le lait de

chèvre, *le lait d'ânesse*; on appelle familièrement *vache à lait* les personnes et les choses dont on tire un profit continuel; *cette dupe-là est une vache à lait pour un tel*; *cette affaire est une vache à lait pour cet avocat*; *frère de lait*, *sœur de lait*, se dit et de l'enfant de la nourrice, par rapport à son nourrisson, et de deux enfants étrangers qui ont sucé le même lait; on appelle *dents de lait* les premières dents qui viennent aux enfants; il se dit aussi des chevaux; *ce cheval est trop jeune pour travailler*, *il a encore huit dents de lait*; on dit proverbialement qu'*un homme a une dent de lait contre un autre*, *qu'il lui garde une dent de lait*, pour dire, qu'il lui veut du mal depuis long-temps, qu'il a quelque vieille rancune contre lui; on appelle *veau de lait*, *cochon de lait*, un veau, un cochon qui tette encore; on dit proverbialement que *le vin est le lait des vieillards*; on dit d'un homme qui reçoit avidement toutes sortes de louanges, ou à qui on fait croire aisément tout ce qui le flatte, ou qui, par bassesse ou par dissimulation, passe doucement sur les choses qu'on lui dit pour le piquer, *qu'il avale cela doux comme lait*; on appelle aussi *lait* une certaine liqueur blanche qui est dans les œufs frais, quand ils sont cuits bien à propos; il se dit aussi du suc blanc qui sort de quelques plantes et de quelques fruits; *lait de figue*; *il sort du lait de cette herbe*; *des épis qui sont en lait*; il se dit encore de certaines liqueurs artificielles, par la ressemblance qu'elles ont avec le lait; *du lait d'amande*; *se décrasser avec du lait virginal*; *blanchir une muraille avec un lait de chaux*; *laitage* ce qui se fait avec du lait, comme beurre, crême, fromage, etc.; *la laitière n'est point encore venue; une laiterie bien exposée; la laite ou la laitance d'un hareng, d'une carpe, d'un brochet*, la partie des entrailles des poissons mâles, qui est d'une substance blanche et molle, et qui ressemble à du lait caillé; *une carpe laitée, un hareng laité; le tithymale ou réveil-matin est une plante laiteuse; cette opale* (pierre précieuse), *est laiteuse*, c'est-à-dire, que le blanc en est trouble; *des lapins nourris de laiterons*; on dit vulgairement *lacerons*; *la laitue est rafraîchissante; la louve qui allaita Romulus et Remus; la voie de lait* ou *la voie lactée* est une blancheur qui paraît dans le ciel, et qui est formée par un assemblage de petites étoiles; *les veines lactées* sont certaines petites veines qui contiennent le chyle, et le portent dans le réservoir;

FAUT-IL écrire *lAit, lEid — laitAnce* (*), *laitEnce*?

Dans la série :

LAID, *laideur*, *laideron*, *ladre*, *enlaidir*, *vilain*, etc.

Un homme laid; une femme laide; le singe, l'ours est une laide bête; le hibou est un oiseau très-laid; laid se dit généralement de tout ce qui est désagréable aux yeux dans son genre; *cette tapisserie est bien laide; cette étoffe est fort laide*; il signifie aussi déshonnête, contraire à la bienséance; *il est bien laid à vous d'avoir abandonné votre ami dans la disgrâce; la laideur de cette*

(*) Le suc des plantes *laiteuses* est liquide; la *laitance*, plus ferme, a plus de rapport avec ce qu'on appelle *laitage*.

femme est étrange; on dit aussi *la laideur du vice, la laideur de cette action; laideron* se dit d'une jeune fille, ou d'une jeune femme qui est laide, mais qui n'est pas sans agrément; *voyez cette petite laideron qui fait la coquette; c'est une laideron qui ne déplaît pas*; il est du style familier; on appelle *ladrerie* une maladie qui corrompt la masse du sang et toute l'habitude du corps, qui paraît ordinairement sur la peau, et y fait une espèce de croûte; cette maladie, comme on voit, offre un spectacle qui ne doit pas être fort agréable aux yeux; *ladrerie* signifie aussi vilaine et sordide avarice; *quelle ladrerie! voyez un peu la ladrerie de cet homme*; *ladre*, lépreux, attaqué de lèpre, de ladrerie, se prend aussi pour excessivement avare; *un homme ladre*; *une femme ladre; ladre* est aussi substantif dans la signification de lépreux et d'avare, et alors il fait au féminin *ladresse; c'est un ladre*; *c'est une ladresse*; on appelle *ladre vert* un homme d'une avarice sordide; *enlaidir*, rendre, ou devenir laid; *il y a des personnes que la parure enlaidit; cette femme enlaidit tous les jours*; *vilain* qui déplaît à la vue; *vilain jardin*; *vilaine maison*; *vilaine perruque*; *vilain chemin, vilain temps*, incommode, fâcheux, désagréable; il signifie aussi déshonnête, méchant, etc.; *il est bien vilain à vous d'en user de la sorte avec votre ami*, *avec votre bienfaiteur*; il se prend pour dangereux; *voilà un vilain rhume*; *un vilain verglas*; *vilain* signifie aussi avare, qui vit mesquinement; dans cette acception, on dit substantivement *il n'est chère que de vilain*, pour dire, que lorsqu'un avare se résout à donner un repas à quelqu'un, il le fait avec plus de profusion qu'un autre; *vilain* signifiait autrefois

6

paysan, roturier, homme de néant, vil; et dans ce sens, on dit encore proverbialement *peine de vilain n'est à rien comptée*; et, *oignez vilain il vous poindra*; *poignez vilain il vous oindra*, pour dire, caressez un homme de néant, il vous fera du mal; faites-lui du mal, il vous caressera; ce dernier proverbe se dit aussi, et mieux, des âmes basses, parce qu'en effet il n'y a de vraie bassesse que celle de l'âme; *jeux de main, jeux de vilain*, il n'y a que les gens de la lie du peuple qui se divertissent à s'entrefrapper, à se donner des coups;

FAUT-IL écrire *lAid, lEid — vilAin, vilIn*?

DANS QUEL CAS FAUT-IL écrire *laiT, laiD*?

Dans la série :

CHARGER, *chanceler*, *cargaison*, etc.

On dit *charger un crocheteur*, *un cheval*, *un mulet*, *un bateau*; on dit aussi *charger*, pour, peser sur; *cette poutre charge trop cette muraille*; on dit qu'*une viande charge l'estomac*, pour dire, qu'elle pèse trop sur l'estomac, parce qu'elle est difficile à digérer; on dit dans le même sens, qu'*un homme se charge l'estomac de trop de viandes; charger les peuples, les charger d'impôts*, mettre de trop fortes impositions sur les peuples; *charger un homme de coups*, le battre avec excès; pour peu qu'un homme soit trop chargé, il *chancelle* volontiers; *ce vieillard octogénaire a peine à marcher, voyez comme il chancelle*; *il chancelle comme un homme ivre*; il se dit aussi dans les choses morales, et signifie n'être pas ferme, n'être pas assuré; *il varie, il chancelle dans ses réponses, dans ses résolutions, dans sa foi, dans ses opinions; sa fortune chancelle*; en terme de marine, *cargaison* se dit des marchandises, qui font la *charge* entière d'un vaisseau; *on a pris un vaisseau dont la cargaison était fort riche* ;

Faut-il écrire *charGer*, *charJer* — *chAnceler*, *chEnceler* — *Cargaison*, *Kargaison* ?

Dans la série :

Peser, *pendre*, *compenser*, etc.

Ce ballot pèse fort, *pèse beaucoup* ; *le tout ensemble pesait plus de deux cents livres*; on dit d'une chose très-légère qu'*elle ne pèse pas plus qu'une plume* ; et dans un sens badin, *cela ne pèse pas plus qu'une recommandation*; quand on pend, ou suspend un corps à un autre, on augmente la *pesanteur* de cet autre de tout le poids du premier ; il *pèse* donc davantage ; *pendez ce linge afin qu'il sèche* ; *pendre des raisins au plancher* ; *se pendre par les mains à un arbre* ; on dit d'un homme qui a renoncé à la guerre, qu'*il a pendu son épée en croc* ; on dit d'un homme qu'*il est toujours pendu aux côtés*, *à la ceinture d'un autre*, pour dire, qu'il l'accompagne, qu'il le suit partout ; *pendre* se dit aussi des criminels que l'on attache par une corde à une potence, pour les étrangler; on dit proverbialement qu'*il ne faut pas parler de corde dans la maison d'un pendu*, pour dire, qu'il ne faut pas parler de certaines choses odieuses, qui peuvent être reprochées à ceux devant qui on parle ; quand on dit *ce fermier a eu de bonnes et de mauvaises années*, *les unes compensent les autres*, cela veut dire que les unes balancent les autres, pèsent autant que les autres ; *le gain de cette année compense la perte de la précédente* ; *cet homme a des défauts, mais il les compense par ses bonnes qualités ; il a un défaut que rien chez lui ne compense* ;

Faut-il écrire *pEndre*, *pAndre* ?

Dans la série :

Posséder, *possesseur*, *possession*, etc.

Posséder de grands biens, *les posséder justement*, *à bon titre*, *à juste titre*; *posséder une terre*, *une maison*; on dit que *les bienheureux possèdent la gloire éternelle*, *possèdent Dieu*, pour dire, qu'ils jouissent de la gloire éternelle, qu'ils jouissent de la vue de Dieu; on dit *se posséder soi-même*, pour dire, être extrêmement maître de son esprit, de ses passions, de ses mouvements, ne se laisser émouvoir, ne se laisser troubler par quoi que ce soit; *c'est un homme froid et sage qui se possède toujours*; *il ne se possède point*, *il est toujours hors de lui-même*; *posséder les sciences*, *les belles-lettres*, *les arts libéraux*, en avoir une parfaite connaissance; on dit qu'*un homme possède bien ce qu'il sait*, pour dire, que ce qu'il sait, il le sait parfaitement bien; *il est possesseur d'une belle terre*, *d'une belle maison*; *il en est possesseur de longue main*; *prendre possession d'une ferme*, *d'une charge*; *possession immémoriale et non interrompue*; *il s'est mis en possession des meubles et de toute l'argenterie*;

Faut-il écrire *posseSSion*, *posseTion*?

Dans la série :

Trahir, *trahison*, *traître*, etc.

Trahir faire une perfidie à quelqu'un, lui manquer de foi; *Judas trahit notre seigneur*; *trahir son prince*, *sa patrie*; *quand il aperçut les soldats*, *il vit bien qu'il était trahi*; on dit *trahir ses sentiments*, *sa conscience*, *son devoir*, *sa promesse*, *sa foi*, *ses serments*, pour, parler, agir contre ses sentiments, sa conscience, son devoir, sa promesse, etc.; *se trahir soi-même*, agir contre ses propres intérêts; on dit aussi qu'*un homme s'est trahi lui-même* pour dire, que par hasard ou imprudemment il a découvert ce qu'il voulait tenir caché; *il s'est trahi par les choses qui lui sont échappées*; *il voulait être inconnu, sa voix l'a trahi*; *sa surprise, sa rougeur l'a trahi*; *trahir le secret de quelqu'un*, le révéler; *trahison*, perfidie, action de celui qui *trahit*; *il n'a osé l'attaquer en brave homme, il l'a tué en trahison*; on dit proverbialement *traître comme Judas*; *le cœur du monde le plus traître*; *une âme traîtresse*; on dit aussi, *c'est un traître*; *il l'a tué en traître*; *c'est une traîtresse*;

Faut-il écrire *trAître*, *trEître*?

Dans la série:

Mœurs, *moral*, *moralité*, etc.

On appelle *mœurs* les habitudes naturelles ou acquises pour le bien ou pour le mal, dans tout ce qui regarde la conduite de la vie; on dit qu'*un homme a des mœurs*, pour dire, qu'il a de bonnes mœurs; et qu'*il n'a point de mœurs*, pour dire, qu'il en a de mauvaises; *mœurs* se prend aussi pour la manière de vivre, pour les inclinations, les coutumes, les façons de faire, et les lois particulières de chaque nation; *ces peuples-là ont des mœurs bien différentes des nôtres*; en terme de poésie, on dit que les *mœurs sont bien observées dans une tragédie, dans un poëme*, pour dire, qu'on y a bien observé ce qui concerne les coutumes du pays, et du temps dont il est question, ou le caractère des personnages qui sont introduits dans le poëme; *dans l'Iliade et dans l'Odyssée, les mœurs sont parfaitement obser-*

6.

vées; on dit *cet écrivain peint bien les mœurs*; on dit qu'*une chose est* ou qu'*elle n'est pas dans les mœurs de quelqu'un*, *d'une nation*, pour dire, qu'elle est ou qu'elle n'est pas conforme à ses usages; dans le didactique, on dit *les mœurs des animaux*, pour dire, les inclinations des différentes espèces d'animaux, et tout ce qui regarde leur économie; *moral* qui regarde les mœurs; *un discours moral*; *les œuvres morales de Plutarque*; *des préceptes moraux*; on appelle *vertus morales* celles qui ont pour principe les seules lumières de la raison; *il ne suffit pas d'avoir les vertus morales, il faut encore avoir les vertus chrétiennes*; on dit aussi substantivement *le moral*, pour, la disposition morale; *le physique influe beaucoup sur le moral, et le moral sur le physique*; la *morale* c'est la doctrine des mœurs; *la morale des Payens*; *la morale de* Jésus-Christ; *moralité*, réflexion morale; *il y a de belles moralités à tirer de cette histoire*; il se prend aussi pour le sens moral qui est enveloppé sous quelque discours fabuleux; *il y a une belle moralité cachée sous cette fable*; on appelle *moralité des actions humaines*, le rapport de ces actions avec les principes de la morale; *la moralité d'une action suppose la liberté*;

Faut-il écrire *mOeurs*, *mEurs*—*mOralité*, *mAuralité*?

Dans la série :

Voix, *vocal*, *vociférer*, etc.

Il a la voix forte, faible, aiguë; *j'entends une voix qui m'appelle*; *les brebis entendent la voix du berger*; *de vive voix ou par écrit*; on dit aussi *la voix du perroquet*; *la voix des oiseaux*; *la voix du chat-huant paraît la voix d'un homme*; en termes de chasse, on dit *la voix des chiens*, pour dire, l'aboiement des chiens après leur gibier; en langage de l'écriture, on dit *la voix du sang de l'innocent s'élève jusqu'au ciel, crie vengeance*; en termes de dévotion, on appelle *voix intérieure*, les inspirations de Dieu; les poètes appellent la renommée *la déesse aux cent voix*; on dit *apprendre quelque chose par la voix de la renommée*, pour l'apprendre par le bruit public; *voix* s'emploie aussi pour chanteur et chanteuse; *il y avait six voix et huit instruments à ce concert*; *voix* se prend encore pour suffrage, opinion; *donner sa voix*; *aller aux voix*; *recueillir les voix*; *je lui donnerai ma voix*; *voix* signifie aussi sentiment, jugement; *la voix publique est pour lui, contre lui*; *il a la voix publique pour lui, contre lui*; quand on dit absolument *la voix publique*, il se prend pour approbation; *il a la voix publique*; on dit proverbialement que *la voix du peuple est la voix de Dieu*, pour, que le sentiment général est ordinairement bien fondé; *prière, oraison vocale*, se disent par opposition à oraison mentale; et *musique vocale*, par opposition à musique instrumentale; *vociférer*, pousser des cris, etc.

Faut-il écrire *voCal, voKal — voCiférer, voSSiférer?*

Dans la série :

Voie, *voyer, voyage*, etc.

Voie, chemin, route par où l'on va d'un lieu à un autre; il ne se dit guère au propre qu'en parlant des grands chemins des anciens Romains, de ces routes conduites de Rome aux extrémités de l'Italie, et par delà, dont il reste encore des vestiges; *la voie Appienne*; *la voie Flaminienne*; cependant on dit encore *n'embarrassez pas la voie publique*; *aller par voie de terre*, *par voie de mer*; on dit proverbialement *il est toujours par voie et par chemin*; on dit *la voie du paradis*; *la voie du ciel*; JÉSUS-CHRIST a dit de lui dans l'Evangile, *je suis la voie*, *la vérité et la vie*; en terme de l'écriture, on appelle *voie étroite*, la voie du salut; et, par opposition, *voie large*, le chemin de perdition; on appelle *la voie des carrosses*, *des charrettes*, l'espace qui est entre les deux roues; *la voie des voitures d'Allemagne est plus étroite que celle des voitures de France*; on appelle de même la trace que le carrosse, la charrette fait ou a faite en marchant; *on a suivi la voie du carrosse*; *voie* signifie aussi moyen dont on se sert; *vous ne prenez pas la bonne voie pour réussir*; *un tel est tout puissant auprès du roi*, *adressez-vous à lui*, *servez-vous de cette voie*; *il a fait sa fortune par la voie des armes*; *la voie de la faveur*; le *voyer* a soin de la voie publique, des routes; *voyage par terre*, *voyage par mer*; *adieu*, *je vous souhaite bon voyage*, *un bon voyage*; *voyage* signifie aussi la relation des événements d'un voyage, de ce qu'on a vu, découvert, ou appris en voyageant; *j'ai lu un voyage d'Égypte*; *recueil de voyages*; il se dit aussi de l'allée ou de la venue que quelqu'un fait pour notre service, soit pour porter quelque chose, soit pour faire quelque message; *ce charretier a fait tant de voyages pour moi*; *il faut payer ses voyages*;

DANS QUEL CAS FAUT-IL écrire *voiX* (*), *voiE*?

(*) Pour l'orthographe de *voie*, *voix*, il faut remarquer que l'X a à-peu-près la figure et le son de 2 C; or, l'oreille distingue un C dans les dérivés *voCal*, *voCiférer*, tandis qu'aucun C ne se fait entendre dans *voyer*, *voyage*, *dévier*, etc.

Dans la série :

PROPHÈTE, *prophétiser*, *prophétie*, etc.

Prophète celui qui prédit l'avenir; on appellait proprement du nom de *prophète* parmi les hébreux, ceux qui, par inspiration divine, prédisaient l'avenir, ou révélaient quelque vérité cachée aux hommes; *imiter le style des prophètes; cet homme a proprement le ton d'un prophète; il parle avec l'autorité d'un prophète*; on appelait aussi parmi les gentils du nom de *prophète*, certains devins adonnés au culte des faux dieux, et qui, par une permission de Dieu, ont quelquefois prédit la vérité; *le prophète Balaam avait été appelé pour maudire le peuple d'Israël; mais Dieu lui commanda de le bénir; Elie fit mourir les prophètes de Baal*; on appelle, dans le discours ordinaire, *faux prophète*, un homme qui se trompe dans les prédictions qu'il fait; et *prophète de malheur*, un homme qui prédit des choses désagréables; on dit proverbialement que *nul n'est prophète en son pays*, pour dire, qu'un homme de mérite est ordinairement moins considéré en son pays qu'ailleurs; *prophétiser*, prédire l'avenir par inspiration divine; *les patriarches ont prophétisé la venue de* JÉSUS-CHRIST; on dit familièrement, *je vous avais bien prophétisé que cela arriverait; le sens de la prophétie*; *expliquer les prophéties*; *l'accomplissement des prophéties*; *la prophétie d'Isaïe*, etc.; on appelle encore *prophétie* toute prédiction bonne ou mauvaise;

FAUT-IL écrire *prophéTie*, *prophéCie*?

Dans la série :

NÉGOCE, *négocier*, *négociant*, etc.

Négoce, trafic, commerce de marchandises; *s'adonner*

au négoce ; entendre bien le négoce ; il y a grand négoce, il se fait grand négoce de telle marchandise en tel pays ; on dit *commerce* et non pas *négoce*, en parlant d'un état, d'une nation, d'un peuple ; *le commerce*, et non pas, *le négoce* de la France ; on dit d'un homme qui se mêle de quelque affaire où il y a du danger pour lui, qu'*il se mêle d'un dangereux négoce ; il s'est mis depuis peu à négocier au Levant ; négocier en épicerie et en draperie ; on dit aussi négocier des lettres de change ; négocier des billets ; négocier* se dit encore pour traiter une affaire avec quelqu'un ; *c'est lui qui a négocié cette affaire, ce mariage, cette réconciliation ; il a négocié cela fort secrètement, fort adroitement ; il a négocié la paix entre ces deux princes ;* on dit aussi substantivement, ou avec le pronom personnel, *c'est un homme qui négocie avec beaucoup d'adresse ; il négocie pour l'Etat en tel pays, auprès d'un tel prince ; on dit qu'il se négocie quelque chose d'important ; les négocians de Hollande, d'Angleterre ; la guerre a ruiné beaucoup de négociants ;*

Faut-il écrire *négoCiant*, *négoTiant* ?

Dans la série :

Vase, *vaisseau*, *vaisselle*, etc.

Un vase de terre, d'or, d'argent, de cristal ; vase pour mettre des fleurs, des orangers ; on appelle *vases sacrés*, les vases qui servaient d'ordinaire aux usages de la religion payenne ; on appelle aussi *vases sacrés*, les vases qui servaient au temple de Jérusalem ; enfin dans la religion chrétienne, on appelle *vases sacrés*, les vases dont on se sert dans l'administration de quelques sacrements, comme le calice, le ciboire et quelques autres; *vaisseau*, vase, ustensile de quelque matière que ce soit, destiné à contenir des liqueurs; *un vaisseau de bois, de cuivre, d'argent*; *un vaisseau fragile;* il se dit aussi d'un bâtiment de bois construit d'une manière propre à transporter des hommes et des marchandises par mer, et sur les grands fleuves; *un vaisseau de guerre*; *un vaisseau marchand*; on dit *un vaisseau de 74, une frégate de 36*, en sous-entendant canons; on dit *le ministre conduit habilement le vaisseau de l'État, de la fortune publique*; en parlant d'une église, d'une bibliothèque, et d'autres grands bâtiments, considérés en dedans, on dit que *c'est un beau vaisseau, un vaisseau magnifique*; ce mot se dit aussi des veines, des artères, et de tous les petits canaux, de tous les petits conduits qui contiennent quelque humeur dans le corps des animaux; *vaisselle* se dit de tout ce qui sert à l'usage ordinaire de la table, comme *plats*, *assiettes*, etc.

FAUT-IL écrire *vAisseau*, *vEsseau*?

Dans la série :

MAISON, *maisonnette*, *masure*, etc.

Une belle maison; *une maison commode, bien logeable*; on dit qu'*un homme a une bonne maison*, pour dire, qu'il donne souvent à manger; on dit qu'*un homme fait bien les honneurs de sa maison*, pour dire, qu'il reçoit bien ceux qui viennent chez lui; d'un homme mal habillé et tout en désordre, *il est fait comme un brûleur de maisons*; d'un homme qui en voit un autre affligé d'un malheur qu'il a lieu de craindre pour lui-même, *on a sujet d'avoir peur, quand on voit brûler la maison de son voisin*; on dit proverbialement qu'*une chose a été vendue par-dessus les maisons*, pour dire, qu'elle a été vendue excessivement cher; *il a fait bâtir une maisonnette*, maison basse et petite; *masure* se dit et de ce qui reste d'un bâtiment tombé en ruine, et d'une méchante habitation qui menace ruine; *les hiboux, les oiseaux de nuit se retirent dans les vieilles masures; c'était autrefois une fort belle maison, mais ce n'est plus qu'une masure; il habite une chétive masure; il s'est retiré dans une méchante masure;*

FAUT-IL écrire *mAison, mEison*?

Dans la série:

SATURER, *satiété, insatiable*, etc.

Saturer, terme de chimie, signifie mettre dans une liqueur une substance qui s'y dissolve, en *assez* grande quantité, pour qu'il ne s'y en dissolve plus rien; *une eau de chaux saturée*, est de l'eau dans laquelle on a mis assez de chaux pour que l'eau n'en puisse plus dissoudre davantage, si on y en remettait encore; *satiété* signifie réplétion d'aliments qui va jusqu'au dégoût; *manger jusqu'à satiété, jusqu'à la satiété*; on dit aussi *la satiété des richesses, des plaisirs, des honneurs*; *insatiable* qui ne peut pas être rassassié, saturé, qui ne peut avoir assez; *un appétit insatiable*; *une faim insatiable*; on dit *avarice insatiable*; *insatiable de gloire, d'honneurs, de richesses, de louanges*, etc.

FAUT-IL écrire *saTiété, saCiété*?

Dans la série:

FOIBLE, *foiblesse, fou, folie, affoiblir*, etc.

Foible signifie débile, qui manque de forces; *il est*

encore foible de sa maladie; *avoir les jambes foibles*, *la vue foible*; *ce cheval est trop foible, a les reins foibles*; on dit *avoir les reins foibles*, pour dire, n'avoir pas assez de bien, assez de crédit, assez de talent, etc., pour venir à bout de ce qu'on entreprend; *il aspire à cette charge, mais il a les reins trop foibles*; on dit *dans un âge foible*, pour dire, dans l'enfance, dans les premiers temps de l'adolescence; il se dit aussi des choses qui n'ont pas assez de force pour l'usage auquel elles sont destinées; *ce bâton est trop foible*; *cette poutre est trop foible*; *ces armes sont trop foibles*; il se dit aussi, tant des personnes par rapport à l'esprit, que de tout ce qui regarde les facultés de l'âme; on dit qu'*un homme est foible*, pour dire, qu'il manque de fermeté, de résolution; qu'*il a l'esprit foible*, que *c'est un esprit foible*, pour dire, qu'il reçoit facilement toutes sortes d'impressions; que *c'est une âme foible*, pour dire, qu'il est timide; et qu'*il a la mémoire foible*, pour dire, qu'il oublie facilement; *il n'a plus de fièvre, mais il lui est resté une grande foiblesse*; *foiblesse de jambes*; *foiblesse d'esprit*; *foiblesse de mémoire*; le mot *fou*, dans sa signification propre, se dit de celui qui a perdu le sens, l'esprit; *devenir fou*, *fou à lier*; *être fou à courir les rues*; la *folie* peut donc être considérée comme une sorte de maladie qui attaque les organes du cerveau, qui les altère ou les *affoiblit*; il se prend pour démence, aliénation d'esprit; *sa folie me fait pitié*; *sa folie approche de la fureur*; *folie incurable*; *un accès de folie*; *un grain de folie*, etc.;

Faut-il écrire *fOible fEible — fOlie fAulie*?

Dans la série :

Don, *donner*, *redonner*, *rendre*, etc.

Je n'ai pas acheté ce livre, c'est un don de l'auteur; on appelle *dons du ciel*, *dons de la grâce*, *dons de la nature*, les avantages qu'on a reçus du ciel, de la grâce, de la nature, etc.; on appelle encore *don* une certaine aptitude qu'on a à quelque chose; *il a le don de bien parler*; *le don de l'éloquence*; *il a le don de plaire à tout le monde*; on dit en plaisantant qu'*une femme a le don des larmes*, pour dire, qu'elle pleure quand elle veut; on dit aussi par ironie *le don de déplaire*, *le don de se faire haïr de tout le monde*; *donner libéralement*; *c'est un homme qui donne tout ce qu'il a*; *il donne tout son bien aux pauvres*; on dit *rendre à quelqu'un l'argent qu'on lui a emprunté*, *lui rendre son cheval*, c'est-à-dire, lui *redonner*, etc.

Faut-il écrie *doN*, *donT* — *rEndre*, *rAndre*?

Dans la série :

Dom, *dome*, *dominer*, *dompter*, etc.

Dominer signifie commander, avoir autorité et puissance absolue sur quelque chose; *il domine sur toute l'Egypte*; *il aime à dominer*; *il veut toujours dominer*; il se dit aussi, de ce qui parait le plus parmi plusieurs choses, de ce qui se fait le plus remarquer, de ce qui est le plus fort, et encore des lieux élevés d'où l'on découvre une grande étendue de pays; *cette figure domine dans le tableau*; *l'incarnat domine dans cette étoffe*; *le poivre domine dans cette sauce*; *la bile domine dans son tempérament*; *ce château*, *cette tour domine sur toute la plaine*; il se dit aussi des lieux qui en tiennent d'autres en sujétion ; *la citadelle domine sur la ville* ; on dit aussi *il faut que la raison domine sur les passions , domine dans toutes nos actions* , pour dire , que la raison doit être la maîtresse et régler nos passions et nos actions ; il s'emploie aussi activement ; *cette montagne domine la ville* ; *il faut que la raison domine les passions* ; on appelle *dôme* un ouvrage d'architecture, élevé en rond , en forme de coupe renversée , audessus d'un édifice ; le *dôme* est donc à l'édifice et aux objets inférieurs ce que la croupe de la montagne est aux lieux environnants ; *dom* est un titre d'honneur qui n'est d'usage en français que pour certains ordres religieux, qui se donne en Espagne aux séculiers , et dont on ne se servait autrefois que pour la haute noblesse , que pour la noblesse *dominante*; *dom Miguel* ; *dom Pedro* ; *dompter*, subjuguer, soumettre à l'obéissance , au frein; *dompter une nation , dompter les peuples, dompter un cheval , un taureau* ; *dompter ses passions, dompter sa colère , son courage* ;

DANS QUEL CAS FAUT-IL écrire *doM* , *doN* ?

Dans la série :

FAVORISER , *favorable* , *fauteur* , etc.

Favoriser, traiter avantageusement , appuyer de son crédit ; *il m'a favorisé en tout ce qu'il a pu* ; *un bon juge ne favorise jamais une partie au préjudice de l'autre* ; il se dit aussi de tout ce qui est conforme à nos souhaits , et qui seconde nos desseins , nos désirs ; *le vent nous a bien favorisés* ; *si le ciel , si la fortune nous favorise* ; *c'est un homme peu favorisé des dons de la nature* ; *tout le monde lui a été favorable* ; *un temps favorable* ; *un vent favorable* ; *avoir la fortune favorable* ; on appelle *fauteur* celui qui favorise, qui appuie un parti, une opinion, et ce mot ne se dit guère qu'en mauvaise part ; *fauteur de rebelles ; on l'a condamné, lui, ses fauteurs et adhérents ; fautrice d'hérésie* ;

Faut-il écrire *fAuteur*, *fEauteur*, *fOteur*?

Dans la série :

Créer, *créateur*, *création*, etc.

Créer tirer du néant, donner l'être, faire une chose de rien ; *Dieu a créé le ciel et la terre* ; *quand Dieu créa le monde* ; *Dieu a créé toutes choses de rien* ; il se dit aussi de choses dont les hommes sont les inventeurs ; *il a créé son art* ; *les poètes ont créé les Dieux* ; *Dieu est le créateur, le souverain créateur de toutes choses* ; *Homère est regardé comme le créateur du poëme épique ; la création du monde* ; *la création de l'homme* ; on dit aussi d'un mot nouveau, que *c'est un mot de nouvelle création* ;

Faut-il écrire *créaTion*, *créaCion*, *créaSSion*?

Dans la série :

Nager, *nacelle*, *navire*, *naviguer naulage*, *nautonnier*, *naufrage*, *aéronaute*, etc.

C'est un homme qui nage bien ; *il nage comme un poisson* ; *nager entre deux eaux* ; on dit *nager en grande eau*, pour dire, être en grande abondance, dans une grande fortune, se trouver dans de grandes occasions d'avancer ses affaires ; *il nage entre deux eaux*, en parlant d'un homme qui, entre deux factions, entre deux partis, ne se détermine pour aucun, mais se ménage de côté et d'autre ; on dit *nager dans la joie, dans les plaisirs, dans l'opulence*, pour dire, sentir une extrême joie, vivre au milieu des plaisirs, être dans une grande abondance; on dit qu'*un homme nage dans son sang*, pour dire, qu'il est tout couvert de son sang; *nager* signifie aussi flotter sur l'eau sans aller à fond; *le bois nage sur l'eau; nager* signifie encore ramer pour voguer sur l'eau; *allons, bateliers, nagez*; *c'est un bon nageur, une bonne nageuse; nageur* se prend quelquefois pour un batelier qui rame; *nous avons quatre nageurs;* les *nageoires* d'un poisson; ce mot se dit encore de ce qu'on met sous les bras pour se soutenir sur l'eau, lorsqu'on veut s'apprendre à *nager*; *il ne s'est pas servi longtemps de nageoires*; *la plus belle des Naïades*, des nymphes qui présidaient aux fontaines et aux rivières; la *nacelle* et le *navire* nagent sur les eaux; *naviguer le long des côtes*; *naviguer en pleine mer*; on dit aussi *une mer où il est mal aisé de bien naviguer*; *un pilote qui navigue bien*; *naulage* se dit du prix que les passagers paient au maître d'un navire; il signifie aussi le droit que l'on paie à un batelier pour traverser une rivière; *les anciens mettaient une obole dans la bouche de leurs morts, pour payer le naulage à Caron*; *les cartes nautiques*, qui servent aux marins; *Caron est appelé le nautonnier des sombres bords*; *le vaisseau s'entr'ouvrit, et l'on ne put rien sauver du naufrage*; on dit qu'*un homme a fait naufrage au port*, pour dire, que tous ses projets ont été ruinés, renversés au moment où il était en droit d'espérer de les voir réussir; *on dit qu'il est ruiné, mais il lui reste encore quelques débris de son naufrage*; *aéronaute*, navigateur aérien, qui voyage dans un aérostat;

FAUT-IL écrire *naGer*, *NaJer* — *nOfrage*, *nAufrage*, — *AéronAute*, *aéronEaute*, etc ?

Dans la série :

STABLE, *constant*, *constance*, etc.

Stable, qui est dans un état, dans une situation ferme, comme une *statue* parfaitement assise; *un édifice stable*; plus ordinairement il se prend pour assuré, durable, permanent; *le temps qu'il fait n'est pas stable*; *il n'y a rien de stable, de véritablement stable que Dieu*; *constant* signifie qui a de la fermeté dans le malheur, dans les douleurs; *il a montré une âme constante dans les plus grands maux; il est ferme et constant dans l'adversité*; il signifie aussi certain, indubitable; *il n'en faut pas douter, la chose est constante, très-constante*; *on me l'a donné pour constant*; il se prend encore pour persévérant, qui ne change pas; *il est constant dans ses desseins, dans son travail*; *il a l'esprit très-constant*; il se dit aussi de toutes les choses qui demeurent toujours, ou long-temps dans le même état; *fortune fixe et constante*; *tout change en ce monde, il n'y a rien de constant*; *une santé constante*; *une constante prospérité*; *opposer sa constance à la douleur, à la fortune*; *la constance affermit l'homme, le soutient contre les adversités; il a poursuivi ce dessein avec beaucoup de constance*;

FAUT-IL écrire *constAnt*, *constEnt*?

Dans la série :

MAÎTRE, *maîtriser*, *magistrat*, etc.

Maitre, qui a des sujets, des domestiques, etc.; *bon maître*; *mauvais maître*; *ce laquais a changé de maître*; on dit proverbialement *tel maître, tel valet*; *le bon maître fait le bon valet*; *qui sert bon maître, bon loyer en reçoit*; on dit, par une façon de parler tirée de l'écriture sainte, que *nul ne peut servir deux maîtres*; il signifie aussi supérieur qui commande soit de droit, soit de force; *Dieu est le maître de l'univers*; *César se rendit maître de la république*; *il parle en maître*; on dit *se rendre maître des esprits*, *des cœurs*, pour dire, prendre de l'empire sur les esprits, gagner les cœurs; et, *se rendre maître de la conversation*, pour, attirer à soi toute l'attention de la compagnie; *être maître de ses passions*, les dompter, les vaincre; on dit aussi *maître de langues*, *maître de musique*; *maître d'escrime*, ou *maître d'armes*; *maîtriser*, gouverner en maître, avec une autorité absolue; *c'est une injustice de vouloir maîtriser ses égaux*; on dit aussi *maîtriser ses passions*; le *magistrat* est un officier établi pour rendre la justice, ou pour maintenir la police; *c'est un digne magistrat*; *magistrat incorruptible*;

Faut-il écrire *mAîtriser*, *mEîtriser*?

Dans la série :

Cri, *crier*, *criailler*, etc.

Cri, voix haute et poussée avec effort; *grand cri*; *horrible cri*; *pousser un grand cri*, *un cri douloureux*; *les cris*, *les lamentations des femmes*; il se dit aussi de la voix ordinaire de certains oiseaux; on dit que *le cri de la corneille annonce de la pluie*; *la chouette a un vilain cri*, *un triste cri*; *cri* se prend aussi pour les plaintes et les gémissements des personnes qui sont dans l'oppression; *Dieu entend les cris des veuves et des orphelins*; on dit *le cri de la nature*, *le cri de l'amour maternel*; *crier*, jeter un ou plusieurs cris; *ne faites pas crier cet enfant*; *il crie de toute sa force*; on dit familièrement *il criait comme un perdu*, *comme un fou, comme un enragé*; *il crie à pleine tête*; *il crie comme si on l'écorchait*; on dit proverbialement *il crie comme un aveugle qui a perdu son bâton*; on dit familièrement *plumer la poule sans la faire crier*, pour dire, exiger des choses qui ne sont pas dûes, d'une manière adroite, sans bruit et sans éclat, exercer quelque vexation en étouffant les plaintes; *criailler* faire des cris répétés, importuns, et sur des objets de peu d'importance; *cette femme criaille toujours*; *elle criaille sans cesse après ses domestiques*;

Faut-il écrire *crI*, *criT*, *criS*?

Dans la série :

Cor, *cornet*, *corner*, etc.

Cor, instrument à vent, courbé en spirale; *cor d'airain*; *cor d'argent*; *emboucher le cor*; *sonner du cor*; *donner du cor*; *au son du cor*; on dit *chasser à cor et à cri*, pour dire, chasser avec grand bruit, avec le cor et les chiens; *il a droit de chasser à cor et à cri dans cette forêt*; on dit *vouloir, demander, poursuivre une chose à cor et à cri*, c'est-à-dire, vouloir, demander, poursuivre une chose à toute force; on dit familièrement *demander quelqu'un à cor et à cri*, pour dire, le chercher en demandant partout de ses nouvelles; *cornet* petit cor, ou petite trompe; *cornet de postillon*; *les tritons sont représentés sur un dauphin, un cornet marin à la bouche*; on appelle *cornet à bouquin* une espèce de flûte courbée, qui est faite ordinairement de corne; *jouer du cornet à bouquin*; *cornet* se dit aussi d'un petit instrument en forme d'entonnoir, dont les sourds mettent le petit bout dans l'oreille, pour entendre plus facilement; *il est si sourd qu'il n'entend qu'avec un cornet*; *corner* sonner d'un cornet, ou d'une corne; *j'ai entendu corner dans les bois*; il signifie encore parler dans un cornet pour se faire entendre à un sourd; on dit par dérision d'un homme qui sonne mal du cor, ou qui en importune les voisins, qu'*il ne fait que corner*; on dit d'une personne qui publie avec importunité quelque chose, quelque nouvelle, qu'*elle ne fait que corner cela partout*; *il a corné cette nouvelle par toute la ville*; on dit *corner aux oreilles de quelqu'un*, pour dire, lui insinuer, lui suggérer avec importunité quelque chose; *il a obtenu cela de lui, il l'a fait résoudre à celà, à force de lui corner aux oreilles*;

FAUT-IL écrire *coR*, *corT*, *corS*?

Dans la série :

CORPS, *corporel*, *incorporer*, etc.

Corps, substance étendue, palpable; *tout corps a trois dimensions, longueur, largeur, profondeur*; *corps sphérique*; *les corps célestes*; *un ange n'est pas un corps, c'est un esprit*; *corps* se dit en particulier du corps animé, c'est-à-dire, qui a une âme; *l'âme est attachée, est unie au corps*; *les jointures du corps*; *les membres du corps*; *corps* se dit aussi de la société, de l'union de plusieurs personnes, qui vivent sous mêmes lois, mêmes coutumes, mêmes règles; *l'état, la république, le royaume est un corps politique*; *cette province fut unie au corps de l'état*; *l'église est un corps mystique, dont Jésus-Christ est le chef, et dont les fidèles sont les membres*; on dit aussi *le corps du clergé, de l'université*; *le corps de la magistrature*; *les corps militaires, le corps municipal*, etc.;

corporel qui a un corps ; *Dieu n'est point corporel* ; il signifie aussi qui appartient au corps, qui concerne le corps ; *les plaisirs corporels* ; *vous ne songez qu'aux choses corporelles* ; *incorporer*, mêler, unir ensemble quelques matières, et en faire un corps qui ait quelque consistance ; *ces drogues sont bien incorporées ensemble* ; *la cire et les gommes s'incorporent facilement ensemble* ; il se dit aussi d'un corps ou politique, ou ecclésiastique, qu'on joint à un autre corps, pour en faire partie ; *les soldats d'une telle compagnie ont été incorporés dans celle-là* ; *incorporer des terres au domaine* ;

DANS QUEL CAS FAUT-IL écrire *coR*, *coRPs* ?

Dans la série :

OUVRAGE, *ouvrier*, *œuvre*, *opérer*, etc.

Ouvrage ce qui est produit par l'*ouvrier* ; *le ciel est l'ouvrage de Dieu*, *l'ouvrage de ses mains* ; *la cire, le miel est l'ouvrage des abeilles* ; *un ouvrage de menuiserie* ; *un ouvrage de mosaïque* ; c'est aussi la façon, le travail que l'on emploie à faire quelque chose ; on dit familièrement *c'est un ouvrage de patience*, pour dire, qui ne s'achève qu'à force de patience ; pendant l'absence d'Ulysse au siège de Troie, Pénélope, pour amuser les amans qui l'obsédaient, leur avait promis d'épouser l'un d'eux, lorsque la tapisserie à laquelle elle travaillait serait finie ; elle défaisait la nuit ce qu'elle avait fait le jour ; on dit proverbialement *c'est l'ouvrage de Pénélope*, en parlant d'une chose commencée cent fois, que l'on défait à mesure, qui ne finit jamais ; *ouvrage* se dit aussi des productions de l'esprit ; *l'Enéide de Virgile est un très-bel ouvrage* ; *cet auteur va donner ses ouvrages au public; on vient de publier les ouvrages posthumes de M. R.*; *à l'œuvre on connoît l'ouvrier*; on dit qu'*un homme ne fait œuvre de ses dix doigts*, pour dire, qu'il ne fait rien du tout; et l'on dit *la fin couronne l'œuvre*, pour dire, que ce n'est pas assez de bien commencer, qu'il faut bien finir; *opérer*, faire, produire quelque effet; un ouvrage; *c'est Dieu qui a opéré tous ces miracles*; *la mort de* Jésus-Christ *a opéré notre rédemption, notre salut;* on dit absolument *la grâce opère dans l'homme*; et, par ironie, on dit qu'*un homme a bien opéré*, pour dire, qu'il n'a rien fait qui vaille;

Faut-il écrire *OEuvre*, *Euvre* — *Opérer*, *Aupérer*?

Dans la série :

Long, *longueur*, *longévité*, *longitude*, etc.

Ce jardin est long, plus long que large; *un bâton long de tant de pieds*; *le cours du Danube est fort long*; *une table longue*; on dit proverbialement qu'*un homme a les dents bien longues*, pour dire, qu'il y a long-temps qu'il n'a mangé, qu'il est affamé; *long* se dit aussi relativement à la durée; *en été les jours sont longs*; *une longue et heureuse vie*; *un bail à longues années*, dont la durée s'étend au-delà de celle des baux ordinaires; *ce salon a 25 pieds de longueur sur 18 pieds de largeur*; *la longueur des jours et des nuits*; *longévité*, la longue durée de la vie; *les degrés de longitude vont d'occident en orient, ou réciproquement;* c'était, suivant les anciens, la longueur de la terre;

Faut-il écrire *lonGitude*, *lonJitude*?

Dans la série :

Deux, *double*, *duplicata*, *duplicité*, etc.

Deux fois deux font quatre; *deux fois six font douze*; *double* qui vaut, qui pèse, qui contient deux fois autant; on appelle *acte double* celui dont on fait deux originaux semblables, pour en laisser un entre les mains de chacune des parties intéressées; *bail double*; on met à la fin de pareils actes, *fait double entre nous*; on appelle *duplicata* le double d'une dépêche, d'un brevet, d'une quittance, etc.; *on envoya à l'ambassadeur une dépêche par l'ordinaire, le duplicata par une autre voie*; *il avait perdu sa quittance, je lui en ai donné un duplicata*; *duplicité* se dit des choses qui sont doubles et qui devraient être uniques; *ce verre est taillé de façon qu'il cause une duplicité d'objets*; *il y a duplicité d'action dans cette tragédie*; il se prend plus souvent pour mauvaise foi; *il y a de la duplicité dans son cœur, dans ses actions, dans ses paroles*; *duplicité de cœur*;

Faut-il écrire *dupliCata*, *dupliKata* — *dupliCité*, *dupliSSité*?

Dans la série :

Beau, *belle*, *beauté*, etc.

Beau corps; *belle bouche*; *elle est belle à ravir*; *un enfant beau comme le jour*; on dit *un bel âge*, pour dire, un grand âge; et, *le bel âge*, pour dire, le temps de la jeunesse; on dit *le beau monde*, pour signifier les gens les plus polis; *beauté*, juste proportion des parties du corps, avec un agréable mélange des couleurs; il se dit proprement des personnes, et particulièrement du visage; *la beauté du corps*; *la beauté d'une femme*; *la beauté se passe en peu de temps*; il se dit aussi de chaque belle personne; *toutes les beautés de la cour étaient de cette assemblée*; on appelle *beauté grecque*, et *beauté romaine*, des femmes dont la beauté se rapporte à l'idée de la beauté que l'on voit dans les statues et dans les médailles de la Grèce et de Rome;

Faut-il écrire *bEau*, *bAu* — *bEauté*, *bOté*?

Dans la série :

Bail, *bailler*, *baux*, etc.

Bail fait au pluriel *baux*; *un bail à ferme*; *des baux à ferme*; *bail de maison*; *faire un bail*; *rompre un bail*; *résilier un bail*; *faire rapporter tous les baux précédents*; on dit *cela n'est pas arrivé de mon bail*, pour dire, cela est arrivé dans un temps, où rien ne m'obligeait à y prendre part; *bailler*, donner, mettre en main, livrer, n'est plus guère en usage qu'en termes de pratique; *bailler à ferme*; *bailler par contrat*, *par testament*; *bailler et délaisser*, etc.

Faut-il écrire *bAux*, *bEaux*?

Dans la série :

Cercle, *cerceau*, *couronne*, *ceindre*, *ceinture*, etc.

Cercle, figure plane, terminée par une ligne courbe dont toutes les parties sont également éloignées du point du milieu appelé centre; *cercle* se prend aussi pour la ligne circulaire qu'on appelle circonférence; *tracer un cercle*; *décrire un cercle*; on appelle *cercle vicieux* une manière défectueuse de raisonner, qui consiste à donner pour preuve la proposition qu'on a avancée, et qu'il s'agit de prouver; *raisonner ainsi*, *c'est faire un cercle vicieux*;

le cercle se divise en trois cent soixante degrés; *cercle* se dit aussi de la séance des princesses, des duchesses assises circulairement en présence de la reine; *la reine tient le cercle aujourd'hui*; il se dit aussi des assemblées d'hommes et de femmes qui se tiennent dans les maisons des particuliers pour la conversation; *cet homme brille dans les cercles*; *rompre le cercle par une partie de jeu*; *cerceau*, cercle de bois ou de fer, qui sert à relier des tonneaux; *couronne de laurier*, *de lierre*, *d'olivier*, *de fleurs*, *de roses*; *les Romains récompensaient les belles actions par diverses couronnes*; *les Grecs décernaient des couronnes à ceux qui avaient rendu quelque service considérable à leur patrie*; il se dit aussi de l'ornement de tête que les rois, les princes portent pour marque de leur dignité; on appelle, par excellence, *la couronne d'épines*, celle que l'on mit sur la tête de NOTRE SEIGNEUR; on dit *la triple couronne*, pour marquer la tiare du pape; *ceindre*, entourer, environner; *ceindre une ville* de murailles, de fossés; on dit *se ceindre le front d'un diadême*, pour dire, ceindre le diadême, se faire roi; et l'on dit d'un grand conquérant, que *la victoire lui a ceint le front de lauriers*; on dit proverbialement *bonne renommée vaut mieux que ceinture dorée*, pour dire, qu'une bonne réputation vaut mieux que les richesses;

FAUT-IL écrire *Cercle*, *Sercle* — *cerCeau*, *cerSeau* — *Ceindre*, *Seindre*?

Dans la série :

MORDRE, *morsure*, *mors*, etc.

Ce chien mord les passans, *leur mord les jambes*; on dit proverbialement *il vaut autant être mordu d'un chien que d'une chienne*, pour dire, qu'il n'importe de qui le mal nous vienne, et par qui il nous arrive; on dit *mordre dans du pain; les poissons mordent à l'hameçon*; on dit familièrement qu'*un homme mord à l'hameçon*, pour dire, qu'il écoute avec plaisir une proposition qu'on lui fait pour le surprendre; on dit familièrement qu'*un homme mord à la grappe*, quand il entre avec plaisir dans une proposition qu'on lui fait; on le dit encore d'un homme qui parle avec plaisir de quelque chose; *quand il médit d'un tel, on dirait qu'il mord à la grappe; chien qui aboie ne mord pas*, c'est-à-dire, que ceux qui font beaucoup de bruit, ne sont pas les plus à craindre; *morsure*, plaie, meurtrissure, marque faite en mordant; il se dit aussi de l'impression que font sur la peau certains insectes; *morsure de cheval; morsure de puce*; *mors* se dit particulièrement de la pièce de fer qui se place dans la bouche du cheval pour le gouverner; *il faut un mors plus fort, plus rude à ce cheval*; on dit qu'*un cheval prend le mors aux dents*, pour dire, que sa bouche est tellement échauffée, qu'elle est absolument insensible, et qu'il s'emporte, sans que le cavalier, ou le cocher puisse le retenir, le mors n'opérant pas plus d'effet sur les barres, que si le cheval le tenait serré entre ses dents; *ces chevaux prirent le mors aux dents, et entraînèrent le carrosse*; il se dit aussi de ceux qui, ayant été dans l'indolence, ou dans le désordre, prennent tout d'un coup la résolution de se corriger et l'effectuent; *ce jeune homme était paresseux, il a pris le mors aux dents, il travaille fort bien*; il se dit aussi en mal;

FAUT-IL écrire *morS*, *morT*?

Dans la série :

MOURIR, *mort*, *mortel*, etc.

Mourir d'une mort naturelle ; mourir de mort violente ; mourir de vieillesse, de maladie ; JÉSUS-CHRIST ***est mort pour tous les hommes*** ; on dit ***mourir de sa belle mort***, pour dire, de sa mort naturelle ; ***mourir au lit d'honneur***, pour dire, être tué à la guerre, en faisant son devoir ; on dit familièrement, et par ironie, ***il est mort dans les formes***, pour dire, en se faisant traiter selon les règles ordinaires de la médecine ; ***mourir d'une belle épée***, succomber sous un ennemi, à qui il est glorieux de céder ; ***mort subite, soudaine*** ; ***mort précipitée, prématurée*** ; ***mortel*** qui cause la mort, ou qui paraît devoir la causer ; ***blessure mortelle*** ; ***poison mortel*** ; il signifie aussi qui est sujet à la mort ; ***tous les hommes sont mortels*** ; ***cette vie mortelle est pleine de misères*** ; on dit aussi ***c'est un heureux mortel*** ; ***les misérables mortels*** ; ***elle n'a pas l'air d'une mortelle*** ;

FAUT-IL écrire *mOrtel*, *mAurtel* ?

DANS QUEL CAS FAUT-IL écrire *morT*, *morS* ?

Dans la série :

NIER, *déni*, *dénier*, etc.

Nier dire non, dire qu'une chose n'est pas vraie ; *c'est une vérité qu'on ne peut nier* ; *il demeure d'accord du droit, mais il nie le fait, il le nie fort et ferme, il le nie tout à plat* ; on dit *nier une dette, nier un dépôt*, pour dire, nier qu'on ait une dette à payer, qu'on ait reçu un dépôt ; *deni*, signifie refus d'une chose dûe ; *lorsqu'un fils refuse de nourrir son père, c'est déni d'aliments* ; *lorsqu'un juge refuse de prononcer sur une requête, c'est déni de justice* ; *lorsqu'un juge refuse de renvoyer au tribunal compétent une cause, dont il n peut pas connoître, c'est déni de renvoi*; *dénier* n'est guère d'usage qu'en ces phrases *dénier un fait*; *dénier un crime*; *dénier une dette*; *dénier un dépôt*; il signifie aussi refuser quelque chose que la bienséance, l'honnêteté, l'équité et la justice ne veulent pas qu'on refuse; *ne me déniez pas votre secours*; *on lui a dénié toute justice*; *si vous demandez cette chose, elle ne vous sera pas déniée*, etc.;

Faut-il écrire *dénI*, *déniT*, *déniS*?

Dans la série :

Refuser, *refus*, etc.

Refuser, rejetter une offre, ne pas accepter ce qui est offert; *on lui a offert tant de cette terre, tant de ces meubles, mais il l'a refusé*; *refuser des offres*; *refuser des conditions avantageuses*; *refuser* signifie aussi rejeter une demande, ne pas accorder ce qui est demandé; *on lui a refusé la grâce qu'il demandait*; on dit aussi absolument *quand on est dans la nécessité de refuser, il faut du moins faire connoître qu'on souffre en refusant*; on dit *il s'est présenté pour entrer au bal, on lui a refusé la porte*; on dit *se refuser quelque chose*, pour dire, se priver de quelque chose; ainsi en parlant d'un homme avare et sordide, on dit que *c'est un homme qui se refuse le nécessaire, jusqu'au nécessaire, qui se refuse tout*; et, dans un sens opposé, on dit d'un homme qui aime extrêmement ses commodités, et ses aises, que *c'est un homme qui ne se refuse rien*; on le dit, dans le même sens, d'un homme qui se permet tout, soit en actions, soit en paroles; *il ne se refuse rien quand il est question de nuire ou de médire*; *c'est un homme qui ne s'est jamais refusé un bon mot, une plaisanterie, etc.*; *refus*, action de refuser; *il ne veut pas s'exposer à un refus*; *il en a eu un refus absolu*; *adoucir un refus par des manières honnêtes*; *ce ministre met de la grâce jusque dans ses refus*, etc.;

Faut-il écrire *refuS*, *refuT*?

Dans la série :

Faux, *faucher*, *faucille*, etc.

Emmancher une faux; *aiguiser une faux*; *ces avoines sont mûres, il est temps d'y mettre la faux*; *autre fois on se servait de chariots armés de faux*; *les poëtes et les peintres représentent le Temps et la Mort avec une faux*; *faucher de l'avoine, de l'orge*; *faucher les foins*, *faucher les prés*; on dit que *la Mort fauche tout*, que *le Temps fauche tout*, pour dire, que la mort et le temps détruisent tout; *les moissonneurs ont déjà la faucille à la main*; *il est temps de mettre la faucille dans la moisson de faire tomber les épis sous la faucille*; on dit, par ironie, d'une chose tortue, qu'*elle est droite comme une faucille*; on dit aussi *mettre la faucille dans la moisson d'autrui*, pour dire, entreprendre sur le métier, sur les fonctions d'autrui;

Faut-il écrire *fauCille*, *fauSSille*?

Dans la série :

Mal, *maux*, *mauvais*, etc.

Le *mal* a pour contraire le bien; *il n'y a point de bien sans quelque mélange de mal*; il signifie défaut, imperfection, soit du corps, comme la difformité, la privation de la vue, etc., soit de l'esprit, de l'âme, comme l'ignorance, la légèreté, la bassesse de cœur, etc.;

je ne connois point de mal en lui, en elle; dire du mal de quelqu'un; il ne faut pas dire du mal de son prochain; mal se dit aussi du vice, et de toutes les mauvaises actions; *il faut éviter le mal, et faire le bien; il est enclin, endurci au mal; mal* signifie plus particulièrement douleur; *je sens bien du mal; avoir le mal de tête, grand mal de tête, mal à la tête; la tête me fait mal; j'ai mes maux, et vous avez les vôtres;* on dit proverbialement *de deux maux il faut éviter le pire; mauvais* signifie qui est nuisible, incommode, qui cause du mal; *l'excès d'application est mauvais à la santé; le serein est mauvais aux vieillards; le fruit est mauvais pour certains estomacs;*

Faut-il écrire *mAux*, *mEaux* — *mAuvais*, *mOvais* — *MauvaiS*, *mauvaiT*?

Dans la série :

Marteau, *martel*, *martelet*, *marteler*, etc.

Marteau d'orfèvre; marteau de maréchal; battre au marteau, à grands coups de marteau; on dit qu'*un homme est entre le marteau et l'enclume*, pour dire, que sa situation est telle qu'il trouve de l'embarras et de l'inconvénient de quelque côté qu'il se tourne; on dit aussi *le marteau d'une porte, le marteau d'une horloge*; on dit familièrement *graisser le marteau*, pour dire, donner de l'argent au portier d'une maison, afin de s'en faciliter l'entrée; *on n'entre pas chez cet homme sans graisser le marteau*; on dit proverbialement qu'*on n'est point sujet au coup de marteau*, pour dire, qu'on n'est point assujetti à obéir sur-le-champ, et au premier signal; *martel* est un vieux mot qui signifie marteau, et qui n'est plus en usage qu'en cette phrase *martel en tête*, pour dire, inquiétude, ombrage; *ce qu'il a vu lui met martel en tête*; *il a su qu'il se faisait une brigue contre lui, il en a martel en tête*; *martelet*, petit marteau dont quelques ouvriers se servent pour des ouvrages délicats; *marteler* battre à coups de marteau; *marteler de la vaisselle d'étain*; *marteler sur l'enclume*; on appelle en musique *cadence martelée*, une cadence bien frappée, dans laquelle les deux sons se font entendre distinctement; on dit aussi en poésie *des vers martelés*, pour dire, des vers péniblement travaillés, qui sentent le marteau, l'effort qu'ils ont coûté;

FAUT-IL écrire *martEau*, *martAu*, *martOt* ?

Dans la série :

NOEUD, *nouer*, *dénouer*, etc.

Nœud simple; *double nœud*; *faire*, *défaire un nœud*; on appelle *nœud coulant*, un nœud qui se serre et se desserre sans se dénouer; *nœud* signifie aussi la difficulté; le point essentiel d'une affaire, d'une question; *voilà le nœud de l'affaire*; *trancher le nœud de la question*; *vous avez tranché le nœud de la difficulté*; au char du roi Gordius était attaché le joug par un nœud très-compliqué, devenu fameux sous le nom de *nœud Gordien*; ce nœud était formé de courroies entrelacées avec tant d'art, qu'il était impossible d'en retrouver les bouts; de là on appelle *nœud Gordien*, une difficulté qu'on croit insurmontable; *nœud* signifie aussi attachement, liaison entre des personnes; *nœud de parenté*; *nœud d'alliance*; *le nœud sacré du mariage*; on dit *rompre les nœuds de l'amitié*; *la mort rompit les nœuds de leur union, de leur mariage*; *nœud* se dit aussi de la bosse, de l'excroissance qui vient aux parties extérieures de l'arbre; *le bois d'épine, le bois de cornouiller est tout plein de nœuds*; il signifie aussi l'article, la jointure des doigts de la main, et de cette partie du gosier ou de la gorge, qu'on nomme le larynx; on dit familièrement d'un ris forcé, qu'*il ne passe pas le nœud de la gorge*; *nouer un ruban, nouer des jarretières*; on dit *nouer amitié*, pour dire, lier amitié; en parlant des arbres à fruit, il signifie passer de fleur en fruit; *quand les pommes, quand les citrons, quand les poires commencent à se nouer*; *dans le temps que les fruits se nouent*; on dit aussi *les fruits commencent à nouer*; *les abricots n'étaient pas encore noués*; on dit *que la goutte se noue, qu'elle est nouée*, quand l'humeur qui la cause, s'épaissit, se durcit dans les jointures; on dit d'un enfant, qu'*il est noué*, pour dire, qu'il a des nœuds qui l'empêchent de croître; on dit aussi rachitique; *dénouer un ruban*; *dénouer des cordons*; *cela est noué si fort qu'on ne saurait le dénouer*; il signifie encore rendre plus souple, plus agile; *le gymnase, la chasse, la danse, l'escrime dénouent le corps, les membres*;

FAUT-IL écrire *nOEud, nEud*?

Dans la série :

POUSSER, *pose*, *poser*, *positif*, *position*, etc.

Pousser, faire effort contre quelqu'un, ou contre quelque chose, pour l'ôter de sa place; *pousser un homme hors de sa place*; *vous poussez bien rudement*; *poussez un peu cela vers moi*; on dit *pousser les ennemis*, pour dire, les faire reculer; *pousser aux ennemis* ne se dit que de la cavalerie, et signifie aller aux ennemis ; on dit proverbialement *pousser le temps avec l'épaule*, pour dire, temporiser, tâcher de gagner du temps ; il se dit aussi pour signifier, se d'ésennuyer comme on peut, en attendant le moment que l'on désire ; *pose* est un terme d'architecture, qui signifie le travail qu'il y a à mettre une pierre en place, à la *poser* ; mais pour parvenir à *poser* une pierre de taille d'une certaine grosseur, par exemple, il a fallu nécessairement la *pousser*, et probablement à plus d'une reprise ; *la pose des grandes pierres est difficile ; on paie tant pour la taille d'une pierre, et tant pour la pose ; poser un vase sur un buffet, le poser doucement* ; *il faut prendre garde où l'on pose le pied dans un lieu glissant* ; *poser* signifie encore établir, fixer ; *il faut d'abord bien poser la question*, c'est-à-dire, établir le vrai sens de la question ; *positif*, signifie certain, constant, assuré, qui est bien posé ; *ce fait-là est positif* ; *je vous donne cela pour une chose positive* ; *on en a des preuves positives* ; *position*, point où un lieu est placé, situé, posé ; *la position des lieux n'est pas bien marquée dans cette carte* ; *la position d'une ville* ; *la position en est riante* ;

Faut-il écrire *pOse*, *pAuse* — *posiTion*, *posiCion*?

Dans la série :

Passer, *passage*, *passager*, *pause*, *appas*, etc.

Tout passe, ami, dans cette vie ; tel qui voit du vin dans mon verre, dans un moment n'en verra plus ; *passer* faire un pas, des pas, aller d'un lieu, d'un endroit à un autre, traverser l'espace qui est entre deux ; *il a passé le long de la muraille* ; *avez-vous vu passer le lièvre? le coup lui a passé sous le bras; le vent passe dans ces tuyaux*; on dit *passer de cette vie en l'autre*, *passer de cette vie en une meilleure*, et absolument *passer*, pour dire, mourir, expirer; *il est à l'agonie, il va passer*; *il est passé comme une chandelle qui s'éteint*; *il a passé, il est passé*; *passer* signifie aussi s'écouler ne demeurer pas dans un état permanent, aller vers la fin; *les jours, les années passent*; *le temps passe et la mort vient*; *la beauté passe comme une fleur*; *tout passe en ce monde*; *ses beaux jours sont passés*; *le passage de la mer Rouge*; *je ne veux point de maison sur ce chemin-là, il est trop sujet au passage des gens de guerre*; on dit aussi *le passage d'une vie mondaine à une vie chrétienne est rare et difficile*; *qui aurait pu s'attendre à un passage si subit de la plus violente colère à la plus parfaite modération?* Il se dit aussi d'une chose qui n'est pas de longue durée; *la vie n'est qu'un passage*; on appelle *oiseaux de passage*, les oiseaux qui, en certaine saison, passent d'un pays dans un autre; *les hirondelles, les cailles sont des oiseaux de passage*; d'une personne qui n'est en quelque lieu que pour peu de temps; on dit que *c'est un oiseau de passage*; *passager* qui ne s'arrête point dans un lieu, qui ne fait que passer; *les hirondelles, les grues sont des oiseaux passagers*; il signifie aussi qui est de peu de durée; *la beauté est passagère*; *les plaisirs de ce monde sont passagers*; *ce n'est qu'une douleur passagère*; le mot *pause* signifie intermission, suspension, cessation d'une action, d'un mouvement, pour quelque temps, c'est-à-dire, le *passage* momentané de l'action, du mouvement au repos ; *il fit deux ou trois pauses en chemin* ; *la procession fit une pause en tel endroit* ; *dans un long travail, il faut des pauses, de petites pauses de temps en temps* ; *le prédicateur fit une pause au milieu de son sermon* ; dans le plain-chant, et dans la musique, on appelle *pauses* les intervalles pendant lesquels un ou plusieurs musiciens, ou tout le chœur même demeurent sans chanter ; et dans ce cas la *pause* indique le *passage* de l'action, du chant au silence ; *marquer les pauses dans la musique* ; *pauser*, terme de musique, signifie appuyer sur une syllabe en chantant, c'est-à-dire, y passer moins rapidement, s'y arrêter plus long-temps que sur les autres ; *pausez sur cette syllabe* ; le mot *appas* ne se dit guère que pour exprimer les charmes, les attraits de la volupté, ou ceux de la beauté ; mais ces attraits, ces charmes sont passagers ; ils passent comme la volupté, comme la beauté ; on dit aussi *les appas de la gloire, de la vertu* ; *l'étude a de grands appas pour quelques jeunes gens* ;

Faut-il écrire *passageR* ; *passagÉ*?

Dans quel cas faut-il écrire *pOse*, *pAUse*?

Dans la série :

Paître, *pâture*, *appat*, *appater*, etc.

Paître se dit des bestiaux qui broutent l'herbe, qui la mangent sur la racine ; *les bestiaux qui paissent sur l'herbe* ; il s'emploie aussi neutralement ; *mener paître des moutons* ; *faire paître ses chevaux dans un pré* ; on dit *paître un oiseau*, pour dire, lui donner à manger ; *on a oublié de paître ces oiseaux, il faut les paître* ; il se dit aussi des curés et des évêques chargés du soin des âmes; *il faut qu'un curé ait soin de paître son troupeau, de paître ses ouailles du pain de la parole*; on dit d'un homme qui aime les louanges qu'*il se paît de vent*; et de celui qui se livre à de vaines imaginations, qu'*il se paît de chimères*; on dit plus communément en ce sens, *il se repaît de*, etc.; *Dieu a soin de tous les animaux, il leur donne à chacun leur pâture, il leur apprend à chercher leur pâture*; *les petits poissons sont la pâture des gros*; *nos corps deviendront la pâture des vers*; on dit aussi *il ne faut pas laisser cet homme oisif, il faut donner de la pâture à son esprit*; *la parole de Dieu est la pâture de l'âme*; *le sel, la pâte salée, le salpêtre, sont un excellent appât pour attirer les pigeons*; *les vers, les moucherons, sont de bons appâts pour prendre des poissons*; *mettre l'appât à la ligne*; *le poisson a avalé l'appât, a mordu à l'appât*; *l'intérêt est un grand appât pour un avare*; *ce bon accueil, ces paroles obligeantes ne sont autre chose qu'un appât, pour l'engager à faire ce qu'on souhaite de lui; il faut appâter les oiseaux, appâter les poissons*; il signifie aussi mettre le manger dans le bec des petits oiseaux, ou donner à manger à quelqu'un qui ne peut pas se servir de ses mains; *il faut l'appâter comme un enfant*;

Faut-il écrire *pAître, pEître?*

Dans quel cas faut-il écrire *appaS*, *appaT?*

Dans la série :

Fruit, *fruitier*, *frugal*, *frugivore*, etc.

On appelle *fruit* toutes les productions des plantes, mais plus particulièrement des arbres et arbrisseaux , tels que les poires, les pommes, les prunes, les cerises, etc.; *on connoît l'arbre par le fruit*, *à son fruit*; *cueillir le fruit en sa saison*; *fruitier* qui porte du fruit; *un arbre fruitier*; *un jardin fruitier*; on dit aussi absolument et substantivement *un fruitier*, pour un jardin rempli d'arbres à fruits; on appelle *fruitier*, *fruitière*, celui, celle qui fait métier et profession de vendre du fruit; *il s'est fait fruitier*; *la boutique d'une fruitière*; *un homme frugal*, qui se contente de peu pour sa nourriture, qui vit de choses communes; on appelle *repas frugal*, *table frugale*, un repas, une table où l'on ne sert que ce qu'il faut pour se nourrir, que des mets simples et communs; *frugivore* qui se nourrit de végétaux, de fruits;

Faut-il écrire *fruGivore*, *fruJivore*?

Dans la série :

Pierre, *lapider*, *lapidation*, *lapidaire*, etc.

On contait hier à table qu'Arlequin, l'autre jour à Paris, portait une grosse pierre sous son manteau; on lui demanda ce qu'il voulait faire de cette pierre: il dit que c'était l'échantillon d'une maison, qu'il avait à vendre; on appelle *pierres d'attente*, les *pierres* qu'on laisse en saillie, au côté d'un bâtiment, pour le continuer; en parlant d'une chose, qu'on ne regarde que comme un commencement, qui doit avoir des suites, on dit que *c'est une pierre d'attente*; *pierre* se dit aussi des cailloux et des autres corps durs de même nature; *se battre à coups de pierres*; *jeter la pierre et cacher le bras*, se dit d'un homme qui fait du mal à un autre, mais si secrètement et si adroitement, qu'on ne l'en soupçonne pas ; au billard, le joueur qui *carembole*, fait d'une pierre deux coups ; on dit proverbialement *faire d'une pierre deux coups*, pour dire, faire deux choses en même temps, par un seul moyen ; on appelle *pierre philosophale* l'art de transmuer les métaux en or ; d'un homme dont l'esprit est fort borné, on dit qu'*il ne trouvera pas la pierre philosophale* ; d'un homme qui fait une dépense au-dessus du revenu qu'il paraît avoir, *il faut qu'il ait trouvé la pierre philosophale* ; on appelle *pierres précieuses*, les diamans, les rubis, les émeraudes, les saphirs, les topazes, etc. ; *lapider*, assommer à coups de pierres ; *les juifs lapidaient les blasphémateurs et les faux prophètes* ; il se dit aussi de plusieurs personnes qui s'élèvent avec chaleur contre quelqu'un ; *quand je leur ai reproché cela, j'ai vu l'heure qu'ils m'allaient lapider* ; *vous vous ferez lapider si vous dites cela* ; on nomme *lapidation* le supplice de ceux qu'on *lapidait* ; *la lapidation de saint Etienne* ; *lapidaire*, ouvrier qui taille les pierres précieuses ; *c'est un bon lapidaire* ; *c'est le premier lapidaire de la capitale* ; il est aussi adjectif, mais dans cette acception, il n'est d'usage que dans cette phrase *style lapidaire*, qui se dit du style des inscriptions sur la pierre, le marbre, et même sur le cuivre, etc. ;

FAUT-IL écrire *lapidAire*, *lapidEre* ?

Dans la série :

COMMUN, *communal*, *communauté*, etc.

Commun dans l'acception la plus générale, se dit des choses à quoi tout le monde participe, ou a droit de participer ; et c'est dans ce sens qu'on dit que *le soleil*, *l'air, les éléments sont communs; la lumière est commune à tous les hommes*; dans une acception moins étendue, il se dit des choses dont l'usage appartient à plusieurs; *un puits commun; une cour commune; un passage, un escalier, un chemin commun*; commun est aussi substantif, et se dit d'une société entre deux ou plusieurs personnes; *ils ont mis leur bien en commun; il faut prendre cette dépense sur le commun, ils jouissent de la succession en commun, jusqu'à ce qu'ils aient fait leur partage*; *communal* qui est commun aux habitans d'un ou de plusieurs villages; *bien communal; propriété communale; des bois communaux*; *communauté* réunion de plusieurs personnes qui vivent ensemble sous certaines règles, qui ont fait société pour leurs intérêts communs, etc.; *une communauté de religieux, de religieuses*; *entrer dans une communauté*, c'est-à-dire, dans les maisons religieuses, ou autres, où l'on vit en communauté; *communauté* se dit aussi de certains corps laïques, qui ont fait une société pour leurs intérêts communs; *la communauté des notaires*; *agir pour les intérêts de la communauté*; il se dit aussi de la société de bien entre deux ou plusieurs personnes; *il y a communauté de bien entre le mari et la femme*;

Faut-il écrire *communAuté*, *communEauté*, *communOté* ?

Dans la série:

Jaillir, *jeter*, *injecter*, *injection*, etc.

Jaillir ne se dit proprement que de l'eau, ou de quelqu'autre chose de fluide, et signifie jaillir, sortir impétueusement; *l'eau qui jaillit de sa source*; *Moïse fit jaillir une fontaine du rocher*; *quand on lui ouvrit la veine*, *le sang jaillit avec force*; *ce cheval a fait jaillir de la boue en galopant*; dans la phrase *l'eau qui jaillit de sa source*, l'eau ne fait qu'obéir, en jaillissant, à l'impulsion de la pesanteur ; de même lorsqu'on jette une pierre, cette pierre ne fait qu'obéir, en bondissant, à l'impulsion de la force projectile ; *jeter un dard*; *jeter un javelot*; *jeter de l'eau par la fenêtre*; on dit aussi *se jeter dans le péril*; *il s'y jette à corps perdu*; *les chiens se jetèrent sur le loup*; on dit proverbialement qu'*un homme a jeté son plomb sur quelque chose*, pour dire, qu'il a des vues sur quelque chose, qu'il a formé le dessein de l'obtenir ; *jeter* se dit aussi des arbres et des plantes, qui produisent des bourgeons, ou des scions ; *cette vigne a jeté bien du bois*; *cet arbre a jeté bien des scions*; il se dit aussi de l'eau qui jaillit avec impétuosité ; *une fontaine qui jette gros*, *qui jette tant de pieds de haut*; *on a injecté plusieurs fois sa plaie pour la nettoyer, pour la rafraichir*; on dit *injecter un cadavre*, pour dire, introduire dans les veines et dans les artères une liqueur colorée ; *il a fait faire des injections pour guérir cette plaie*;

FAUT-IL écrire *Jeter*, *Geter* — *injecTion*, *injecSion*?

Dans la série :

TIRER, *traire*, *soustraire*, *soustraction*, etc.

Tirer, mouvoir vers soi, amener à soi ou après soi ; *des bœufs qui tirent la charrue*; *tirer quelqu'un par le bras*, *par le manteau*, *le tirer à quartier*, *le tirer à part*, *le tirer à l'écart pour lui parler*; on dit qu'*une chose*, qu'*une raison est tirée par les cheveux*, *est ti-*

rée aux cheveux, pour dire, qu'elle est amenée au sujet avec violence, ou avec trop de subtilité; *tirer l'épée contre quelqu'un*, se battre contre quelqu'un; *faire tirer l'épée à quelqu'un*, l'obliger à se battre; *tirer l'épée contre son prince*, se révolter contre son prince; en parlant d'un procès, d'une dispute littéraire, on dit l'*épée est tirée*, pour dire, ils vont décidément s'attaquer; *le vin est tiré il faut le boire*, pour signifier qu'une chose est engagée, et qu'il n'y a plus à reculer; *tirer les marrons du feu avec la patte du chat*, faire faire à un autre quelque chose de dangereux, pour en tirer soi-même le profit; *traire une chèvre*, *traire une brebis*; *traire une ânesse*; *soustraire un nombre d'un autre*; *l'addition, la soustraction, la multiplication, et la division, sont les quatre opérations fondamentales de l'arithmétique*;

Faut-il écrire *trAire, trEre*?

Dans la série :

Sauce, *saveur*, *assaisonner*, *assaisonnement*, etc.

La *sauce* est un assaisonnement liquide où il entre du sel, et ordinairement quelques épices, pour y donner du goût; *faire une sauce à quelque viande*; *les sauces courtes sont les meilleures*; *tremper son pain dans la sauce*; on dit *donner ordre aux sauces*, pour dire, aller dans la cuisine prendre soin que tout soit bien apprêté; *il est allé donner ordre aux sauces*; on dit proverbialement qu'*il n'est sauce que d'appétit*, pour dire, quand on a faim, on trouve bon tout ce qu'on mange; on dit proverbialement *la sauce vaut mieux que le poisson*, pour dire, que l'accessoire vaut mieux que le principal, que les accompagnemens valent mieux que la chose même; on dit à-peu-près dans le même sens *la sauce fait manger le poisson*; d'un homme qui se sent embarrassé de quelque discours qu'on lui tient, de quelque procédé qu'on a avec lui, on dit qu'*il ne sait à quelle sauce manger le poisson*; *saveur*, qualité qui se fait sentir par le goût; *la bonne eau n'a point de saveur*; *la saveur du pain*, *du vin*, *des viandes*; en parlant d'une viande, d'une *sauce* insipide, on dit qu'*elle n'a ni goût ni saveur*; en parlant d'une composition d'esprit où il n'y a rien d'agréable, de piquant, on dit qu'*il n'y a ni goût ni saveur*; *assaisonner* c'est accommoder une viande ou autre chose à manger, avec les ingrédiens qu'il faut pour la rendre plus agréable au goût, pour lui donner plus de saveur; *ce cuisinier sait bien assaisonner les viandes*; on dit aussi *les grâces que ce prince fait, il les assaisonne avec les paroles du monde les plus honnêtes; ce père assaisonne les réprimandes qu'il fait à ses enfans de tous ce qui peut les rendre plus supportables*; *la viande était bonne, mais l'assaisonnement n'en valait rien*; *quand il fait des grâces, il y joint tous les assaisonnements possibles*;

FAUT-IL écrire *sAuce*, *sEauce*, *sOce* — *assAisonner*, *assEsonner*?

Dans la série :

VAN, *vanner*, *vannier*, etc.

Nettoyer du grain avec le van; *ce van est trop lourd, on ne saurait s'en servir*; *séparer du grain la poussière et les ordures par le moyen du van*; *vanner du blé*, *vanner de l'avoine*, *vanner de l'orge*; on appelle *vannier* l'ouvrier qui travaille en osier et qui fait des vans, des corbeilles, des hottes, des claies, etc.

Faut-il écrire *vAn*, *vEn* — *vaN*, *vanT*?

Dans la série :

Venir, *vent*, *venter*, *inventer*, *aventure*, *intervention*, *contravention*, etc.

Le *vent* est une colonne d'air qui vient du nord, du sud, de l'est, de l'ouest ; on appelle *vents souterrains* les vents qui se forment dans les concavités de la terre ; et *vent coulis*, un vent qui passe par de petites ouvertures ; on dit familièrement *être logé aux quatre vents*, pour, être logé dans une maison exposée aux vents, et ouverte de tous côtés ; *il a venté toute la nuit* ; *qu'il pleuve, qu'il grêle, ou qu'il vente* ; *contrat passé, notre homme tranche du roi des airs, pleut, vente et fait en somme un climat pour lui seul* ; ce verbe se construit quelquefois avec le mot *vent* et signifie proprement souffler, comme dans ces phrases proverbiales : *on ne peut pas empêcher le vent de venter* ; *quelque vent qu'il vente* ; *inventer*, trouver quelque chose de nouveau par la force de son esprit, de son imagination ; *inventer un art, une science* ; *inventer un système, une machine* ; *inventer une malice ; il a inventé cette fable* ; celui qui *invente*, ou fait une découverte, *vient* sur une chose sur laquelle personne n'était *venu* avant lui ; le mot *aventure* dérive de avenir ; *intervention* est formé d'*intervenir ; contravention* de *contrevenir*, etc.

Faut-il écrire *invEnter*, *invAnter* — *avEnture*, *avAnture*?

Dans quel cas faut-il écrire *vaN*, *venT*?

Dans la série :

VAIN, *vanité, vanter*, etc.

Vain signifie inutile, qui ne produit rien ; *faire de vains efforts* ; *toutes ses sollicitations ont été vaines* ; il signifie aussi, frivole, chimérique, qui n'a aucun fondement solide et raisonnable ; *espérance vaine* ; *la gloire du monde est une chose bien vaine* ; il signifie encore orgueilleux, superbe, et alors, il ne se dit guère que des personnes ; *c'est un homme fort vain* ; *il est tout vain de l'honneur qu'il a reçu* ; on dit *il est rempli de vaine gloire*, c'est-à-dire, d'orgueil, de sotte gloire ; on appelle *vaine pâture*, les prés qui ont été fauchés, les terres en jachère, et généralement toutes celles où il n'y a ni semences, ni fruits ; *vanité*, inutilité, peu de solidité ; *tout n'est que vanité dans le monde* ; *mépriser les vanités du monde* ; il signifie aussi amour-propre, qui a pour objet des choses frivoles, ou étrangères à la personne qui s'en prévaut ; *la vanité est une marque de petitesse d'esprit* ; *il tire vanité de sa naissance, de tout ce qu'il a* ; on dit *faire vanité*, pour dire, se glorifier, faire gloire de quelque chose ; *il écrit joliment, et en fait vanité* ; le plus communément il se dit dans un sens de blâme ; *vanter* suivi de la préposition *de*, ou précédé de la particule relative *en*, signifie se glorifier, se faire honneur de ; *il m'a rendu service, mais il s'en vante trop* ; *il se vante d'avoir fait réussir cette affaire* ; *il se vante de lui avoir rendu de grands services* ; on dit proverbialement *il fait bon battre un glorieux, il ne s'en vante pas* ;

FAUT-IL écrire *vAin*, *vEin* ?

DANS QUEL CAS FAUT-IL écrire *vEnter*, *vAnter* ?

Dans la série :

Vin, *vinée*, *vineux*, *vinaigre*, etc.

Nous avons fait bonne vinée, grande vinée, pleine vinée, c'est-à-dire, bonne, grande, pleine vendange ; *une pêche vineuse*, *un melon vineux*, qui a un goût, une odeur de vin ; on dit aussi *couleur vineuse*, pour, couleur rouge, comme le vin rosé ; *vinaigre*, vin rendu aigre par artifice ; *vinaigre fort*, *vinaigre simple* ; on appelle *vinaigre rosat*, *vinaigre au sureau*, *à la framboise*, *vinaigre à l'ail*, *vinaigre à l'estragon*, du vinaigre dans lequel on a fait infuser des roses, de la fleur de sureau, de l'ail, de l'estragon ; on dit proverbialement *on prend plus de mouches avec du miel, qu'avec du vinaigre*, pour dire, que l'on réussit souvent mieux par la douceur que par la hauteur et par la fierté ; d'un habit trop mince, trop léger pour la saison, on dit populairement *c'est un habit de vinaigre* ;

Faut-il écrire *vIn*, *vEin* ?

Dans la série :

Vingt, *vingtaine*, *vingtième*, *quatre-vingt*, *six-vingt*, etc.

Vingt, deux fois dix ; *vingt hommes*, *vingt chevaux*, *vingt et un francs* ; on dit le *vingt du mois*, pour dire, le vingtième ; *vingtaine* est un nom collectif qui comprend vingt unités, *une vingtaine de personnes*, *de soldats* ; *vingtième*, nombre ordinal ; le vingtième jour du mois ; *il est dans sa vingtième année* ; *quatre-vingt*, quatre fois vingt ; *six vingt*, six fois vingt ; il est à remarquer que lorsque *vingt* multiplié par un autre nombre précède immédiatement un substantif, on ajoute toujours S à la fin de vingt ; ainsi on dit *cent quatre-vingts chevaux* ; *six vingts hommes* ; *quatre-vingts ans* ; mais on ne l'ajoute point quand il précède un autre nombre auquel il est joint ; ainsi on dit *quatre-vingt-deux*, *quatre-vingt-trois*, *quatre-vingt-dix* ;

DANS QUEL CAS FAUT-IL écrire *vAin*, *vIn*, *vingT* ?

Dans la série :

DÉLICAT, *délicieux*, *délice*, etc.

Délicat, signifie fin, agréable au goût ; *un mets délicat* ; *une viande délicate* ; *vin délicat* ; *cet homme tient une table très-délicate* ; il signifie aussi qui juge finement de ce qui regarde les sens ou l'esprit ; *goût délicat* ; *oreille délicate* ; *jugement délicat* ; *esprit délicat*, il signifie aussi difficile à contenter, soit pour les choses des sens, soit pour celles de l'esprit ; *vous êtes bien délicat* ; *il ne faut pas être si délicat* ; et, substantivement *les délicats sont malheureux* ; il signifie encore délié, fin, et il est opposé à grossier ; *peau délicate* ; *travail délicat* ; *sculpture*, *ciselure*, *gravure*, *miniature délicate* ; on dit qu'*un ouvrier a la main délicate*, pour dire, qu'il travaille avec une grande adresse, et une grande légèreté de main ; on dit dans le même sens qu'*il a le ciseau*, *le pinceau délicat* ; on dit qu'*une pensée*, qu'*une louange est délicate*, pour dire, qu'elle est tournée d'une manière fine et adroite ; on dit qu'*une chose est délicate à manier*, pour dire, qu'il ne faut pas la manier rudement ; *délicieux*, extrêmement agréable ; une chose ne peut être effectivement délicieuse, qu'autant qu'elle est réellement délicate ; *un mets délicieux* ; *vin délicieux* ; *des parfums délicieux* ; *une conversation délicieuse* ; *musique délicieuse* ; *mener une vie délicieuse*; *délice*, plaisir, volupté, est masculin au singulier, et féminin au pluriel; *c'est un délice*; *quel délice! les délices des sens*; *les délices de l'esprit*; *il fait toutes ses délices de l'étude*; *il en fait ses plus chères délices*; on dit de l'empereur Titus *qu'il était les délices du genre humain*;

Faut-il écrire *déliCieux*, *déliSSieux*?

Dans la série :

Laine, *laineux*, *lanifère*, etc.

Cette étoffe est moitié fil, et moitié laine, moitié soie, moitié laine; on dit proverbialement, d'un homme qui souffre tout, qu'*il se laisse manger la laine sur le dos*; et au contraire, d'un homme qui sait se défendre, qu'*il ne se laisse pas manger la laine sur le dos*; on appelle aussi *laine* les cheveux épais et crépus des nègres; *laineux* qui a beaucoup de laine, qui est extrêmement fourni de laine, ne se dit que des moutons et des étoffes faites de laine; *il y a des pays où les moutons sont bien plus laineux qu'en d'autres*; *un drap bien laineux*; *une étoffe bien laineuse*; *lanifère*, qui porte de la laine, se dit des animaux et des plantes qui produisent une matière laineuse et cotonneuse;

Faut-il écrire *lAine*, *lEine*?

Dans la série :

Voeu, *vouer*, *dévotion*, etc.

Le *vœu* est une promesse faite à Dieu, par laquelle on s'engage à quelque œuvre que l'on croit lui être agréable, et qui n'est point de précepte; *accomplir un vœu*; *s'acquitter de son vœu*; on appelle *vœu de stabilité*, l'engagement de quelques religieux à demeurer toujours dans un certain monastère; on appelle *vœu simple*, un vœu qui n'est pas fait en face de l'église, avec les formalités prescrites par les canons; on l'oppose à *vœu solennel*; on dit *je n'ai pas fait vœu de faire une telle chose*, pour, j'ai la liberté de la faire ou de ne la pas faire, je ne suis engagé à rien; *vouer*, consacrer, se dit proprement par rapport à Dieu; *vouer ses enfans à Dieu*; *ses parens l'avaient voué à Dieu dès l'instant de sa naissance*; *vouer* signifie aussi promettre par vœu; *vouer un temple à Dieu*; on dit aussi *vouer obéissance au pape*; *vouer ses services à un prince*; *vouer à quelqu'un le plus fidèle attachement*; *l'amitié que je lui ai vouée*; *dévotion*, piété, attachement au service de Dieu; *vraie dévotion*; *sa dévotion est bien refroidie*; on dit proverbialement qu'*il n'est dévotion que de jeune prêtre*, pour dire, qu'on n'a jamais plus d'ardeur dans une profession, dans une entreprise, que quand on la commence; il signifie aussi une entière disposition à faire la volonté de quelqu'un; *cet homme-là est à ma dévotion*; *tout ce qu'il a est à ma dévotion*; on dit *l'offrande est à dévotion*, pour dire, à volonté; et, *à l'offrande qui a dévotion*, pour dire, va à l'offrande qui veut;

Faut-il écrire *vOeu*, *vEu* — *dévOtion*, *dévAution*?

Dans la série :

Lier, *ligature*, *religion*, etc.

Lier le bras, *la main*, *le corps*; *lier un cerceau avec de l'osier*; *lier plusieurs fleurs ensemble pour faire un bouquet*; *lier* signifie aussi faire un nœud; *lier ses jarretières*, *les cordons de ses souliers*; il signifie encore joindre ensemble différentes parties par quelque chose qui s'incor-

10

pore dans les unes et dans les autres; *la chaux et le ciment lient les pierres*; *il faut mettre quelque chose dans cette composition pour lier les ingrédiens*; les maîtres d'écriture disent *lier les lettres*, pour dire, les joindre l'une à l'autre par certains petits traits; *liez bien vos lettres*; *ces lettres sont mal liées*; on dit *lier une partie de promenade, de divertissement*, pour dire, projeter une partie de promenade, de divertissement et prendre jour pour cela; *lier amitié avec quelqu'un*, faire amitié avec quelqu'un; il se prend aussi pour astreindre; *les paroles, les contrats lient les hommes*; *il est lié par sa parole, par un serment*; dans le langage de l'église, on dit *lier et délier*, pour dire, donner ou refuser l'absolution; Notre Seigneur *a dit à ses apôtres, ce que vous aurez lié sur la terre sera aussi lié dans le ciel*; *les évêques, les prêtres ont le pouvoir de lier et de délier*; on dit aussi en grammaire, en logique, en rhétorique, *lier les idées, les propositions, les pensées*; *lier les parties d'un discours*, pour dire, les enchaîner les unes aux autres, les joindre, et les unir entr'elles; *cet homme ne lie pas bien ses idées, ses pensées*; *il faut quelque chose pour lier ces deux périodes, les deux membres de cette période*; on appelle *ligature* une bande de drap, dont les chirurgiens serrent le bras, le pied, pour faire l'opération de la saignée; la nature ou la conscience lie l'homme à certains devoirs; la *religion* le lie de nouveau, ou le lie plus fort; *la religion juive, la religion chrétienne, la religion de Mahomet*;

Faut-il écrire *reliGion*, *reliJion*?

Dans la série :

Défi, défier, etc.

Défi, appel, provocation au combat, et qui se fait

soit de vive voix, soit par écrit, soit par gestes; *un cartel de défi*; *envoyer un défi à quelqu'un*; *porter un défi*; il se dit aussi de toute sorte de provocation; *je lui ai fait un défi à la paume, aux échecs*; *accepter le défi*; *défier* provoquer au combat; *il l'envoya défier par un gentilhomme*; *autrefois un prince qui déclarait la guerre envoyait défier l'autre par un héraut*; on dit aussi *ils se sont défiés au trictrac, au piquet*; *ces deux hommes se sont défiés à qui courra le mieux, à qui sautera le mieux*; il signifie aussi mettre quelqu'un à pis faire, lui déclarer qu'on ne le craint point; *vous dites que vous me ferez un procès, je vous en défie, je vous défie de le faire*; lorsqu'un homme propose de faire quelque chose d'extravagant, et qu'il demande si on l'en défie, on dit proverbialement qu'*il ne faut jamais défier un fou*; on dit aussi, mais dans un sens plus doux, *je vous défie de deviner qui m'a dit telle chose*, pour dire, vous ne sauriez jamais deviner; *je le défie d'être plus votre serviteur que moi*, c'est-à-dire, il ne saurait être plus votre serviteur que je le suis;

FAUT-IL écrire *défI*, *défiT*, *défiS*?

Dans la série :

FAIRE, *facteur*, *bienfaiteur*, etc.

Faire, signifie créer, former, produire, et il se dit généralement de tous les ouvrages que Dieu forme et produit, de quelque manière que ce soit; *Dieu a fait le ciel et la terre*; *Dieu a fait l'homme à son image et ressemblance*; *il n'y a que Dieu qui puisse faire quelque chose de rien*; il signifie aussi fabriquer, composer, donner une certaine forme, une certaine figure; et il se dit généralement de toutes les productions de l'art, et de certains ouvrages que l'instinct fait faire aux animaux; *faire un bâtiment*; *faire des instruments de mathématique*; *faire un portrait*; *un oiseau qui fait son nid*; *une araignée qui fait sa toile*; il se dit aussi dans le même sens des ouvrages et des productions de l'esprit; *faire un livre*; *il a fait une histoire de France*; *un écolier qui fait son thême*; *facteur*, *faiseur*, qui fait; *facteur d'orgue*; *facteur de clavecin*; il signifie aussi celui qui est chargé de quelque négoce, de quelque trafic pour quelqu'un; *facteur de marchand*, *de banquier*, etc.; *c'est son facteur*; *il a un facteur à Amsterdam*; *dans une multiplication*, *le multiplicande et le multiplicateur sont appelés facteurs du produit*; *bienfaiteur*, qui fait du bien; *vous devez honorer votre bienfaiteur*, *votre bienfaitrice*;

Faut-il écrire *fAire*, *fEire—bienfAiteur*, *bienfEiteur*?

Dans la série:

Coeur, *cordial*, *cordialement*, *courage*, etc.

Le *cœur* est cette partie du corps de l'animal, qui est le centre de la circulation du sang, de ce mouvement alternatif qui constitue la vie, et dont l'arrêt est la mort; *le mouvement du cœur*; *le battement du cœur*; *palpitation du cœur*; *le cœur est le premier vivant et le dernier mourant*; *il fut blessé*, *frappé au cœur*; *la joie dilate le cœur*; *le cœur lui tressaillait d'aise*, *de joie*; on dit d'un homme qui se sent fort faible, fort épuisé et abattu, qu'*il a le cœur mort*; on dit aussi que *le vin*, *la thériaque*, *etc.*, *fait revenir le cœur*; on dit proverbialement *tant que le cœur me battra dans le ventre*, *au ventre*, et mieux *tant que le cœur me battra*, pour dire, tant que je vivrai; on dit proverbialement, pour exprimer la haine mortelle qu'une personne porte à une autre, qu'*elle voudrait lui manger, lui avoir mangé, lui arracher le cœur*; le cœur se considère quelquefois comme le siége des passions et en ce sens, on dit qu'*un homme a le cœur oppressé, serré de douleur, de tristesse; le cœur enflammé, embrâsé d'amour, de colère, etc.; le cœur plein d'amertume, d'indignation; cela me fait saigner le cœur; il en a le cœur ému; j'ai gravé cela dans mon cœur*; on dit d'un homme qu'*il a le cœur* ou *un cœur de roche, un cœur de marbre, un cœur de diamant, un cœur de bronze, un cœur d'airain*, pour dire, qu'il ne peut être touché ni de pitié, ni d'amour; on dit *un cœur de lion*, pour exprimer le courage; *un cœur de poule*, pour la poltronnerie; *un cœur de tigre*, pour la cruauté; *cœur* signifie aussi courage; *il a du cœur, il n'a point de cœur; cela lui a enflé, élevé, haussé le cœur, lui a abattu, abaissé le cœur*; on dit qu'*un événement relève le cœur*, pour dire, qu'il rend le courage; *cœur* se dit aussi des inclinations de l'âme, et, en ce sens, on dit *c'est un bon cœur, un mauvais cœur; il a le cœur franc, le cœur généreux; cœur* se prend aussi quelquefois pour l'estomac; *il a mal au cœur; il est sujet à des maux de cœur; le cœur lui bondit; j'ai encore mon dîner sur le cœur; l'eau que j'ai bue me tourne sur le cœur, me pèse sur le cœur*; on dit qu'*une chose pèse sur le cœur à un homme*, pour dire, qu'elle lui cause beaucoup de chagrin, beaucoup de peine; *cœur* signifie aussi affection; *il a mis là tout son cœur; il a*

10.

gagné son cœur; *il a le cœur des peuples, des soldats*; *élever son cœur à Dieu, lui offrir son cœur*; *il a mis son cœur aux choses de la terre*; *il a le cœur à l'étude, aux livres, etc.*; il signifie encore l'intérieur, le fond, les dispositions de l'âme; *Dieu sonde les cœurs, connoît les cœurs, voit le fond des cœurs, lit dans les replis les plus cachés du cœur*; *cordial* propre à conforter le cœur; *un breuvage cordial; le vin vieux est cordial*; *le bézoard est un bon cordial*; *d'excellents cordiaux*; il signifie aussi plein d'affection, qui procède du fond du cœur; et dans ce sens, on dit *amour cordial, affection cordiale*; on dit aussi d'un homme que *c'est un ami cordial, que c'est un homme franc et cordial*, pour dire, que c'est un homme qui est plein d'une véritable tendresse pour ses amis; *cordialement*, de tout son cœur, affectueusement, d'une manière cordiale; *je vous aime cordialement*; *il m'a parlé cordialement et en ami*; on dit *haïr quelqu'un cordialement*, pour dire, le haïr de grand cœur, et avec une sorte de plaisir; *c'est un brave soldat, il a du courage*; *il a plus de courage que de forces*; *les plaisirs amollissent le courage*; on dit qu'*un grand courage dédaigne de se venger, que les grands courages ne se laissent point abattre par l'adversité*, pour dire, qu'un grand cœur, qu'une âme noble dédaigne de se venger, que les grands cœurs, que les âmes nobles ne succombent point à la mauvaise fortune; il se prend quelquefois pour dureté de cœur; *auriez-vous bien le courage d'abandonner vos enfans*; *le traître eut le courage de livrer son meilleur ami*;

FAUT-IL écrire *cOeur*, *cHœur*?

Dans la série :

Chant, *chanter*, *charivari*, *chœur*, *chorus*, *écho*, *Terpsichore*, *anachorète*, etc.

Le chant du rossignol, de l'alouette*; *le chant du cygne est consacré par les poètes; on dit du dernier ouvrage d'un homme célèbre, quand cet ouvrage est bon, que ***c'est le chant du cygne***; ***chant*** se dit aussi de la voix de l'homme lorsqu'elle est modulée sur différents tons; ***chant agréable, harmonieux, mélodieux***; la fable dit que les syrènes étoient des monstres, moitié femmes et moitié poissons, qui, par la douceur de leurs chants, attiroient les voyageurs pour les dévorer; delà on dit ***un chant de syrène***, pour dire, un langage trompeur; ***l'alouette chante***; ***le coq a chanté***; ***chanter un air, une chanson***; on appelle ***charivari*** un bruit tumultuèux de poëles, poëlons, chaudrons, etc., accompagnés de cris et de huées, que l'on fait la nuit devant la maison des femmes veuves et âgées, qui se remarient; on dit aussi d'une méchante musique que ***c'est un charivari***; on appelle ***chœur*** une troupe de musiciens qui chantent ensemble; on appelle aussi ***chœur*** la partie de l'église où l'on chante l'office divin; ***faire chorus*** se dit de plusieurs personnes qui chantent ensemble, à table, et ordinairement le verre à la main; ***un bon écho***; ***les échos des forêts, des montagnes, des vallons***; ***les échos répondent à sa voix***; ***il y a des échos qui répètent jusqu'à sept fois***; les poètes ont feint une nymphe de ce nom, fille de l'Air, qui, étant devenue amoureuse de Narcisse, dont elle ne put se faire aimer, fut métamorphosée en rocher, et ne conserva que la voix; ***la triste***

Écho ; on dit qu'*un homme est l'écho d'un autre*, lorsqu'il répète ce qu'un autre a dit; *la voix d'un homme de génie rencontre partout mille échos* ; *Terpsichore*, l'une des neuf muses, est la déesse de la musique et de la danse ; on appelle *anachorète*, un ermite, un moine qui vit seul dans un désert ; il se dit par opposition aux moines qui vivent en commun, *en chœur* ;

FAUT-IL écrire *chAnter*, *chEnter* — *cHœur*, *cOEur* — *anachOrète*, *anachAurète*, etc. ?

DANS QUEL CAS FAUT-IL écrire *cOEur*, *cHœur* ?

Dans la série :

CHAMP, *champion*, *champêtre*, etc.

Champ fertile, *stérile* ; *labourer*, *cultiver*, *semer*, *moissonner un champ* ; *au milieu d'un champ* ; on dit *passer la nuit en plein champ*, pour dire, loin de toute habitation ; *champs*, au pluriel, se dit de toutes sortes de terres, tant labourables que prés, bois, bruyères, etc., pris tout ensemble ; *il ne fait guère bon aux champs par ce temps-là ; à travers champs* ; on dit d'un homme qui loge dans une maison de la ville, où il y a un grand jardin, qu'*il est aux champs et à la ville* ; *battre aux champs*, battre le tambour pour se mettre en marche ; on dit familièrement *avoir la clef des champs*, pour dire, avoir la liberté d'aller où l'on veut ; on dit dans le même sens *donner*, *prendre la clef des champs* ; on dit proverbialement *avoir un œil aux champs et l'autre à la ville*, pour dire, prendre garde à tout ; champ au singulier se dit aussi de l'étendue qu'embrasse une lunette d'approche ; *cette lunette a trop peu de champ* ; il se prend aussi pour sujet, matière, quelquefois occasion ; *on lui a donné , on lui a ouvert un beau champ pour acquérir de la gloire* ; *voilà un beau champ pour étaler son éloquence , son érudition* ; *champ de bataille* se dit du lieu où combattent deux armées ; d'un homme à qui l'avantage est demeuré dans une dispute, et qui a réduit son adversaire à céder ou à ne rien dire , on dit que *le champ de bataille lui est demeuré* ; on appelait *champ clos*, un lieu enfermé de barrières dans lequel deux ou plusieurs personnes vidaient autrefois leurs différents par les armes , avec la permission du prince ou du magistrat ; il se dit aussi en parlant des tournois ; *le tournois se fit en champ clos* ; *champ* se dit encore du fond sur lequel on peint, on grave , on représente quelque chose ; *le champ d'un tableau , d'une médaille , d'un écusson* ; *vous me peindrez ces armes en champ d'azur* ; on donne le nom de *champion* à celui qui combattait en champ clos , pour sa querelle ou pour la querelle d'autrui ; *ceux qui ne pouvaient pas combattre de leurs personnes, comme les vieillards , les estropiés , les ecclésiastiques , les dames , fournissaient autrefois des champions* ; de là *champion* au sens de défenseur ; *cet homme est le champion des mauvaises causes ; il s'est fait le champion des anciens ;* on dit par raillerie d'un homme qu'on estime peu vaillant que *c'est un vaillant champion* ; *champêtre*, qui appartient aux champs , éloigné des villes et des autres habitations ; *maison , lieu champêtre* ; les païens appelaient *dieux champêtres, divinités champêtres* , les divinités qui présidaient aux biens de la terre , et qui étaient particulièrement adorées aux *champs* ;

DANS QUEL CAS FAUT-IL écrire *chan**T**, cham**P** ?*

Dans la série :

Corde, *accord*, *accorder*, *concorde*, *concilier*, etc.

Si l'on se figure l'action de tordre d'abord, pour réunir ensuite deux ou plusieurs cordons en une même *corde*, on aura une idée sensible du mot *accord*; il se prend pour convention, accommodement que l'on fait pour terminer un différent; *faire un accord*; *je me tiens à l'accord qui a été fait*; il signifie aussi consentement, union d'esprit, conformité de volontés; *ils ont toujours vécu dans une grande liaison, dans un parfait accord*; on dit aussi *mettre des gens d'accord*; *ils en sont convenus d'un commun accord*; il signifie aussi convenance, proportion, juste rapport de plusieurs choses ensemble; *il y a un merveilleux accord entre toutes les parties du monde, entre les parties du corps humain*; *accord* en musique, signifie l'union de deux ou de plusieurs sons, entendus à la fois, et formant harmonie; on dit qu'*un instrument est d'accord*, pour dire que les *cordes* en sont montées juste au point où elles doivent être; et que *des cordes ne tiennent pas l'accord*, pour, qu'elles ne demeurent pas au ton où on les a mises; *ces deux hommes étaient en procès, en querelle, on vient de les accorder*; *accorder sa voix avec un instrument*, chanter de manière que la voix et l'instrument fassent des accords agréables et réguliers; *elle accordait parfaitement sa voix avec le clavecin*; *accorder un piano*; *ce musicien a été longtemps à accorder son luth*; *accorder des instruments les uns avec les autres*, c'est les mettre tous au ton où ils doivent être les uns à l'égard des autres; on dit proverbialement *accordez vos flûtes*, pour dire, convenez de ce que vous voulez faire, convenez des moyens de faire réussir votre dessein; *concorde*, union de cœurs et de volontés, bonne intelligence entre des personnes; *ils vivent dans une grande concorde, dans une parfaite concorde*; *cela pourrait altérer la concorde qui est entr'eux*; *concilier* établir l'accord, la concorde entre des personnes ou des choses qui sont, ou qui semblent être contraires; *concilier les nations ennemies*; *concilier les esprits*; *concilier les cœurs*; on dit aussi *ces gens-là ne pourront jamais se concilier*; *leurs goûts ne se concilient pas ensemble*;

Faut-il écrire *accor**D**, accor**T**—con**C**ilier, con**S**ilier*?

Dans la série :

Notaire, *notarié*, etc.

Notaire, officier public, qui reçoit et qui passe les contrats, les obligations, les transactions, et les autres actes volontaires; *la communauté, le corps des notaires*; *contrat passé par-devant notaire*; *il a acheté l'étude d'un tel notaire*; on appelle *notaire apostolique*, un officier établi pour les expéditions en cour de Rome, et affaires ecclésiastiques; *un acte notarié*, se dit d'un acte passé devant notaire;

Faut-il écrire *not**A**ire, not**E**re*?

Dans la série :

Résoudre, *résolutif*, *résolution*, etc.

Résoudre signifie dénouer, délier; *Alexandre ne pouvant résoudre le nœud gordien, le trancha de son épée*; on dit aussi *résoudre une tumeur*, *résoudre un abcès*, pour dire, en amollir, en dissiper les humeurs; *résoudre un bail, un marché, un contrat*, le rendre nul, l'annuler; on l'emploie avec le pronom personnel; *le bois qu'on brûle se résout en cendre et en fumée*, il perd sa consistance et n'est plus que de la cendre et de la fumée; *le brouillard se résout en eau; l'eau se résout en vapeur; cette tumeur est facile à résoudre; tout ce que vous dites-là se résout à rien*, n'a aucune consistance, et il n'en résulte rien; il signifie souvent décider un cas douteux, une question; *il reste une petite difficulté à résoudre; on a résolu vingt fois ce problême, cette objection; c'est un point résolu; une entreprise résolue; question résolue; bail résolu; tumeur résolue*; résolu est aussi adjectif, et signifie déterminé, hardi; *il ne craint rien, il est très-résolu; c'est une femme résolue; voilà un drôle bien résolu; résolutif*, terme de pharmacie, qui résout et dissipe une humeur peccante; *cet onguent, ce sel est fort résolutif*; on dit aussi *un bon résolutif; résolution*, dénouement; *la résolution d'une tumeur, d'un abcès; la résolution d'un bail, d'un contrat*; il signifie aussi dessein que l'on forme, que l'on prend; *grande, hardie, généreuse, étrange résolution; il a changé de résolution*; il signifie aussi fermeté, courage; en ce sens on dit qu'*un homme a de la résolution*, qu'*il manque de résolution*; et l'on dit de quelqu'un qu'*il est homme de résolution*, que *c'est un homme de résolution*, pour dire, qu'il exécute avec beaucoup de courage, avec beaucoup de fermeté, ce qu'il a entrepris, ou ce qu'on lui propose de hardi, de difficile; il se prend encore pour décision d'une question, d'une difficulté; *je vous apporte la résolution de la question que vous m'avez proposée*; *il a donné sur ce problême une résolution claire, obscure, ambiguë*;

Faut-il écrire *résOlutif, résAulutif — résoluTion, résoluSSion*?

Dans la série :

Ouïr, *oreille, oreiller*, etc.

Le verbe *ouïr* n'est guère usité qu'au prétérit de l'indicatif, j'*ouïs*, à l'imparfait du subjonctif, *que j'ouïsse*, à l'infinitif et aux temps formés du participe passé *ouï*, et de l'auxiliaire *avoir*; *avez-vous ouï ce grand bruit? je l'ai ouï prêcher*; *j'ai ouï tous les bons prédicateurs*; *il est las de vous ouïr causer, d'ouïr tous ces caquets*; *ouïr en confession*; on dit *ouïr la messe*, pour dire, assister à la messe; on dit quelquefois, *Seigneur, daignez ouïr nos vœux, daignez ouïr les prières de votre peuple*, les écouter favorablement, les exaucer; on dit, en termes de pratique, *ouï sur ce le procureur du roi*; *un jugement rendu parties ouïes*; *ouïe* celui des cinq sens par lequel on reçoit les sons; *avoir l'ouïe bonne, mauvaise*; *avoir l'ouïe fine, subtile, délicate*; *avoir l'ouïe dure*; *les sons trop forts, trop aigus blessent l'ouïe, offensent l'ouïe*; l'*oreille* comprend tout ce qui contribue à l'*ouïe* au-dedans, et tout le cartilage du dehors; *le tympan de l'oreille*; *dire un mot à l'oreille*; *je n'ai pas l'oreille faite, accoutumée à cette musique*; *le mouvement de l'oreille du cheval annonce ce qu'il veut faire*; *prêter l'oreille*, être attentif, écouter favorablement; *prêtez-moi l'oreille; il ne faut pas prêter l'oreille aux calomniateurs, à la calomnie;* on dit proverbialement qu'*un juge, après avoir écouté une partie, doit garder une oreille pour écouter l'autre partie*, pour dire, qu'il ne doit pas se laisser prévenir par ceux qui lui parlent les premiers, et qu'il faut entendre les deux parties avant de se déterminer; *avoir l'oreille d'un prince, d'un ministre*, avoir un libre accès auprès de lui, en être écouté favorablement; *oreille* se prend aussi seulement pour cette partie cartilagineuse, qui est au-dehors et à l'entour du trou de l'*oreille*; on dit proverbialement *tenir le loup par les oreilles*, pour dire, ne savoir quel parti prendre, dans une affaire qui presse, où il y a du péril de tous côtés; d'un homme qui va s'exposer à un grand péril, on dit qu'*il sera bien heureux, s'il en rapporte ses oreilles*, pour dire, s'il en revient sain et sauf; de quelqu'un qui a été, ou qui sera maltraité dans quelqu'occasion, *il y a laissé, il y laissera ses oreilles*; *chien hargneux a toujours les oreilles déchirées*, il arrive toujours quelque fâcheux accident aux gens querelleurs; *oreiller*, coussin sur lequel on pose la tête quand on est couché;

Faut-il écrire *Oreille*, *Aureille*?

Dans la série:

Envoyer, *envoi*, *renvoyer*, etc.

Envoyer, donner ordre, faire en sorte qu'une personne aille, ou qu'une chose soit portée en certain lieu; *envoyer un homme à la campagne, en province, en Italie, en mer, à la ville*; *envoyer un paquet par le messager, par le courrier*; on dit familièrement *envoyer en l'autre monde, dans l'autre monde*, pour dire, faire mourir; on dit d'un médecin mal habile qu'*il a envoyé son malade dans l'autre monde*; on dit aussi *les biens et les maux que Dieu nous envoie*; *Dieu nous a envoyé de la pluie, du beau temps, une bonne année*, etc.; on dit que *le vin envoie des fumées à la tête*; *envoi* se dit particulièrement des marchandises; *cette marchandise est de bon débit*; *on en a déjà fait deux envois à M. R.; par l'envoi d'un tel jour on doit avoir reçu*, etc.; dans certains petits ouvrages de poésie *envoi* se dit d'un couplet qui termine la pièce et qui sert à adresser l'ouvrage à celui pour qui il a été fait; *je lui avais envoyé un diamant, il l'a refusé, je le lui ai renvoyé*; *vous m'avez prêté ce livre, mais je suis sûr de vous l'avoir renvoyé*;

Faut-il écrire *envoI*, *envoiT*, *envoiS*?

Dans la série :

Cap, *capeline*, *capuchon*, *capucin*, *chapeau*, *chef*, *prince*, *principal*, etc.

Le dieu Mars est représenté armé de pied en cap; on dit familièrement *parler cap à cap*, tête à tête; on appelle *capeline* une espèce de chapeau dont les femmes se servent contre le soleil; le *capuchon* est une couverture de tête, qui fait une partie de l'habillement des moines, et qui est ordinairement de drap ou de serge; *capuchon de moine*; *capuchon pointu; capuchon rond;* on dit proverbialement *prendre le capuchon*, pour, se faire moine; *capucin*, *capucine*; religieux ou religieuse de l'un des ordres qui reconnoissent saint François pour fondateur; *un chapeau de castor, de vigogne*; *un chapeau pointu*; *les bords d'un chapeau*; on appelle *coups de chapeau*, les salutations qu'on fait en ôtant son chapeau; *cela ne vaut pas un coup de chapeau*; on dit *enfoncer son chapeau*, pour dire, prendre une résolution dans quelque circonstance difficile, dans quelque péril; on appelle *chapeau de cardinal*, une sorte de chapeau rouge, qui a la forme très-plate et les bords très-grands, d'où pendent de grands cordons de soie rouge; on dit qu'*on a donné à quelqu'un le chapeau de cardinal*, pour dire, que le pape l'a fait cardinal; on dit aussi qu'*il vaque tant de chapeaux*, pour dire, qu'il y a tant de places vacantes dans le sacré collége; on appelle *chapeau de fleurs*, une couronne de fleurs qu'on porte sur sa tête dans quelques réjouissances, dans quelque fête solennelle; on appelle encore *chapeau*, le bouquet de fleurs que l'on met derrière la tête d'une fille, le jour de ses noces; *chapeau de roses*; on dit proverbialement du plus grand honneur, de l'avantage le plus considérable qu'ait une personne que *c'est la plus belle rose de son chapeau*; *pourquoi se déferait-il de cette charge, c'est la plus belle rose de son chapeau*; *chef* ne se dit que de l'homme, et n'est guère d'usage qu'en poésie; *le chef couronné de laurier; le chef ceint d'un diadême*; on s'en sert aussi en parlant de la tête des saints; *le chef de saint Jean*; *le chef de saint Denis*; on dit quelquefois par plaisanterie *avec votre permission je couvrirai mon chef*; le *prince* est la première tête de l'Etat; le *principal* d'un collége est le premier du collége, etc.;

Faut-il écrire *Cap, Kap — capuCin, capuSSin — prinCe, prinSe*, etc.?

Dans la série :

Cout, *coûter*, *coûtant*, etc.

Le *coût*, ce qu'une chose *coûte*, n'est guère d'usage

que dans cette phrase de pratique, *les frais et loyaux coûts*; La Fontaine a dit *monsieur le mort, j'aurai de vous tant en argent et tant en cire, et tant en autres menus coûts*; on dit proverbialement que *le coût fait perdre le goût*, pour dire, que la trop grande dépense qu'il faudrait pour avoir une chose, en ôte l'envie; *je vous le rends au prix coûtant*, c'est-à-dire, au prix qu'il m'a coûté;

FAUT-IL écrire *couT*, *couS*?

Dans la série :

Cou, *secouer*, *encolure*, etc.

Un long cou; un grand cou; *avoir mal au cou*; *le chignon du cou; la nuque du cou*, on dit d'une personne qui a le cou long et grèle, qu'*elle a le cou d'une grue*; on dit populairement *prendre ses jambes à son cou*, pour dire, partir sur l'heure et s'enfuir; *il prit ses jambes à son cou et s'en alla*; on dit d'un homme qui est tombé et qui s'est blessé, qu'*il s'est cassé le cou*; on dit aussi qu'*un homme s'est cassé le cou*, pour dire, qu'il a ruiné ses affaires, sa fortune; *rompre* ou *casser le cou à un homme*, lui rendre de mauvais offices, qui ruinent sa fortune; *rompre le cou à un projet*, empêcher qu'il ne réussisse, le faire échouer; en poésie, on dit *col* au lieu de *cou*; on le dit aussi dans quelques phrases du langage ordinaire; *col tors*; *col court*; on dit le *col* ou le *cou d'une bouteille*, *le col* ou *le cou d'un matras*; *secouer* faire un mouvement violent qui débarrasse le cou de ce qui l'importune, l'incommode, le gêne ou l'asservit; c'est dans ce sens qu'on dit qu'*un taureau a secoué le joug*; on dit *secouer le joug*, pour dire, s'affranchir de la domination, se mettre en liberté; *secouer le joug de la tyrannie*; *quand les Romains secouèrent le joug des Tarquins*; *ce jeune homme ne veut plus souffrir de tuteur, il veut secouer le joug*; on dit aussi *secouer le joug des passions, des préjugés*, pour dire, s'affranchir de la tyrannie des passions, des préjugés; *secouer* signifie aussi remuer quelque chose fortement, en sorte que toutes les parties en soient ébranlées; *secouer un arbre pour en faire tomber les fruits*; *ce cheval a un trot qui secoue bien son homme*; *secouer la tête en se moquant de quelqu'un*; *secouer un manteau, un tapis, une robe pour en ôter la poussière*; on dit aussi *secouer la poussière de dessus un habit*; dans l'Ecriture Sainte Jésus-Christ *ordonne à ses apôtres de secouer la poussière de leurs pieds contre ceux qui ne les voudront pas recevoir*; on dit proverbialement *secouer les oreilles*, pour dire, ne pas tenir compte de quelque chose, s'en moquer; *quand on lui représente son devoir, il secoue les oreilles*; on le dit aussi d'un homme en place qui ne veut point accorder quelque chose qu'on lui demande; *à cette proposition, il secoua l'oreille, les oreilles*; on dit aussi d'un homme à qui il arrive un accident fâcheux, qui reçoit quelqu'injure, quelqu'affront et qui témoigne n'y être pas sensible, qu'*il ne fait qu'en secouer les oreilles*; on dit proverbialement d'une petite peine qu'on oublie bientôt, *il n'y a qu'à secouer un peu l'oreille, et cela est passé; se secouer*, se remuer fortement pour faire tomber quelque chose qui incommode; *les chiens se secouent quand ils sont mouillés*; *les chevaux se secouent pour se défaire des mouches*;

encolure signifie toute cette partie du cheval qui s'étend depuis la tête jusqu'aux épaules et au poitrail; *belle*, *vilaine encolure*; *ce cheval a l'encolure fine*; il se dit aussi des hommes pour signifier l'air, l'apparence, et il se prend ordinairement en mauvaise part; *il a l'encolure d'un sot*; *c'est un fripon*, *et il en a toute l'encolure*;

FAUT-IL écrire *coU*, *couT*, *couS*?

Dans la série :

COUP, *couper*, *ciseau*, *ciseler*, *cesure*, *incisif*, *incision*, *percer*, etc.

Un coup de sabre; *un coup de fusil*; *un coup de canon*; *un coup de bec*; *un coup de dent*; on appelle *coup de feu*, la blessure faite par une arme à feu; on appelle *coup dans l'eau*, *coup d'épée dans l'eau*, une action, un effort inutile; *toutes les tentatives que l'on peut faire pour arriver au mouvement perpétuel*, *à la quadrature du cercle*, *sont autant de coups d'épée dans l'eau*; on appelle familièrement *un coup de bec*, *un coup de dent*, *un coup de langue*, une médisance, une raillerie piquante, etc.; *cet homme est dangereux*, *incommode dans le commerce*; *il donne toujours des coups de bec*, *des coups de dent*, *des coups de langue*; *le ciseau* (*) d'un menuisier, d'un tailleur de pierre, *les ciseaux* d'une couturière, d'un tailleur d'habits, d'un ferblantier servent à *couper* le bois, la pierre, etc.; *ciseler un vase*, le tailler avec un ciseau; la *cesure* coupe le vers en deux hémistiches; on appelle *dents incisives*, les dents de devant, qui sont faites pour *couper* les

(*) Quand l'instrument se compose de deux branches, ce sont DES *ciseaux*; quand il n'y a qu'une branche, c'est UN *ciseau*.

aliments ; *faire une incision* à l'écorce d'un arbre, c'est y faire une coupure, une taillade, une ouverture en long, avec un fer, un *ciseau* ; on dit aussi *faire une incision dans les chairs, au bras, à la cuisse* ; quand on dit *un coup de hache, un coup de sabre, un coup d'épée, un coup de baïonnette*, on voit qu'un coup peut produire *deux effets*, suivant que l'instrument dont on se sert est tranchant ou pointu ; dans le premier cas il *coupe*, dans le second il *perce* ; *percer un ais, un morceau de bois* ; *percer un mur* ; *il reçut un coup de lance qui lui perça l'estomac* ; *cette femme s'est fait percer les oreilles pour mettre des boucles* ; *percer de part en part* ; en parlant d'un homme qui a reçu plusieurs blessures, on dit qu'*on l'a percé de coups* ; on dit, par exagération, d'un homme ou d'un animal fort maigre, que *les os lui percent la peau* ; on dit *percer du vin* pour dire, percer une pièce de vin ; *ce vin n'est pas bon, il en faut percer un autre, percer d'un autre* ; *il a fait percer son meilleur vin pour régaler ses amis* ; on dit proverbialement d'un homme qui n'a plus guère de bien et dont les affaires sont en désordre, qu'*il est bas percé* ; *percer une croisée, percer une porte dans un mur*, faire l'ouverture d'une croisée, d'une porte dans un mur ; *percer une forêt, un bois, y ouvrir des routes* ; on dit que *le soleil perce un nuage*, pour dire que les rayons du soleil passent à travers un nuage ; et, par analogie, on dit que *la vérité a percé les ténèbres de l'idolâtrie* ; *percer* signifie encore se déceler, se manifester ; *son intention perce à travers son silence* ; *son caractère perce dans tous ses discours* ; *percer* signifie aussi se faire ouverture ; *les dents com-*

mencent à percer à cet enfant; *cet abcès a percé de lui-même*; *le bois perce à ce jeune faon*; delà il se prend pour avancer dans les honneurs, se faire un chemin à la fortune, s'avancer dans un corps, dans le monde; *cet homme a percé par son mérite*; *celui-ci a percé par sa persévérance*; on le fait tantôt absolu, *ce jeune homme pourra percer*; et tantôt actif, *il a percé tout le régiment*, *toute l'armée*, *depuis le simple rang de soldat*;

FAUT-IL écrire *cisEau*, *cisAu* — *Césure*, *Sésure* — *perCer*, *perSer*?

DANS QUEL CAS FAUT-IL écrire *couT*, *coU*, *couP*?

Dans la série :

OEUF, *ove*, *ovale*, etc.

Gros œuf; *petit œuf*; *œuf de poule*, *de perdrix*, *œufs de carpe*; *œufs de brochet*; *œufs de tortue*; *les oiseaux viennent d'œufs*, *pondent des œufs*, *couvent des œufs*; *on a donné à cette poule tant d'œufs à couver*; *faire éclore des œufs*; quand on parle d'œufs à manger, on entend les œufs de poule; *un œuf frais*, *vieux*; *des œufs couvés*; *faire cuire des œufs*; *ces œufs sont bien frais*, *ils sont tout pleins de lait*; on appelle *œufs rouges*, *œufs de pâques*, des œufs durcis dans l'eau chaude, dont la coque est teinte en rouge, et qu'on vend ordinairement vers le temps de pâques; on dit familièrement *donner à quelqu'un ses œufs de pâques*, pour dire, lui faire quelque petit présent dans le temps de pâques; on dit proverbialement d'un homme fort avare, et qui cherche à faire du profit sur les moindres choses qu'*il tondrait sur un œuf*; d'un homme qui dans des circonstances délicates se conduit avec une extrême circonspection, *il marche sur des œufs* ; on appelle *ove* un ornement d'architecture et d'orfévrerie, taillé en forme d'œuf; *ovale* qui est de figure ronde et oblongue, à peu près semblable à la forme d'un *œuf*; une *table ovale*; *un trou ovale*; il est aussi substantif masculin; *un grand ovale*; *un ovale bien formé*;

FAUT-IL écrire *Oeuf*, *Euf* — *Ovale*, *Auvale* ?

Dans la série :

ORAGE, *orageux*, *ouragan*, etc.

Orage, tempête, vent impétueux, grosse pluie ordinairement de peu de durée, et quelquefois accompagnée de vent, de grêle, d'éclairs et de tonnerre; *grand orage*; *furieux orage*; *sauvons-nous avant que l'orage vienne*; *nous avons essuyé un grand orage*; *l'orage a crevé sur cette contrée*; *il a gagné le port malgré les vents et l'orage*; il se dit aussi des malheurs dont on est menacé, des disgrâces qui surviennent tout d'un coup, soit dans les affaires publiques, soit dans la fortune des particuliers; *il a détourné l'orage par sa prudence*; *il a dissipé l'orage*; *laisser passer l'orage*; *conjurer l'orage*; il se dit encore des reproches et des emportements que l'on essuie de la part de ses supérieurs; *votre père est fort en colère, vous allez essuyer un grand orage*; *orageux* qui cause l'orage; *vent orageux*; quelquefois il signifie sujet aux orages; *la mer Noire est orageuse*; on dit aussi *temps orageux*, *saison orageuse*, pour dire, un temps, une saison où il arrive ordinairement des orages; on dit aussi *orageux* pour dire, ce qui est sujet aux troubles, à l'agitation, aux révolutions; *mener une vie orageuse*; *jouir d'une liberté orageuse*; *une cour orageuse*; *la nuit de ce ma-*

lade a été orageuse; *ouragan* signifie le concours, le choc de plusieurs vents; il se dit d'une tempête violente, accompagnée de tourbillons;

FAUT-IL écrire *Orage*, *Aurage* — *oraGe*, *oraJe* ?

Dans la série :

TRAC, *trace*, *tracer*, etc.

Trac se prend pour la trace et la piste des bêtes; *suivre une bête au trac*, pendant un temps de neige; *trace*, vestige qu'un homme ou un animal laisse à l'endroit où il a passé; *voilà la trace de ses pas*; *suivre des voleurs à la trace*; *la bête a passé par là, en voilà les traces*; *suivre la trace des chevaux*; on dit *marcher sur les traces de ses ancêtres, suivre les traces de ses pères*, pour dire, imiter ses ancêtres, imiter ses pères, suivre leur exemple; et cela peut se dire en bien ou en mal, mais on le dit plus ordinairement en bien; *trace* se dit aussi de la marque de l'impression que laisse un chariot, un carrosse, ou autre voiture, et de toute autre marque et impression qui reste de quelque chose; *suivre la trace d'une voiture*; *le tonnerre est tombé en cet endroit*; *on en voit encore des traces, la trace*; *les navires ne laissent point de trace dans l'eau, ni les oiseaux dans l'air*; *traces* se dit aussi de l'impression que les objets font dans le cerveau; et dans ce sens on dit qu'*une chose a laissé de profondes traces dans le cerveau*, pour dire, qu'elle y a fait une grande impression; il se dit aussi de toute autre sorte de marque ou d'impression que laisse une chose quelle qu'elle soit; *on n'aperçoit en lui aucune trace de la bonne éducation qu'il a reçue*; *de tout ce que vous dites-là, on n'en trouve aucune trace dans l'histoire*; il se dit encore des lignes que l'on fait sur le terrain ; pour marquer le dessin d'un jardin, l'alignement d'un mur, le plan d'un édifice ; *faire la trace d'un parterre* ; il se dit de même des premiers points d'aiguille, des premiers traits que l'on fait sur du canevas, pour marquer les contours des figures d'un ouvrage de tapisserie ; *j'ai donné à cette ouvrière tant pour le dessin, tant pour la trace* ; *tracer un plan, un dessin*, c'est faire voir sur le papier l'impression, la marque, la trace, le *trac* du crayon ou de l'instrument dont on s'est servi ; on dit aussi *tracer de la tapisserie* ; *tracer des fleurs sur du canevas* ; *ses ancêtres lui avaient tracé le chemin qu'il devait suivre*, lui avaient donné l'exemple ; *tracer l'image de quelque chose*, la représenter par le discours ; *il nous a tracé l'image de ses malheurs* ; *tracé*, participe, se prend quelquefois substantivement ; *le tracé d'un ouvrage de fortification*

Faut-il écrire *traC*, *traK*, *traQ*— *traCer*, *traSSer* ?

Dans la série :

Nouveau, *nouvelle*, *novice*, *connoître*, *connoissance*, etc.

Un nouveau jour ; *le nouvel an* ; *vin nouveau* ; *fruit nouveau* ; *mode nouvelle* ; *les auteurs anciens et nouveaux* ; on dit proverbialement d'un homme qu'il y a long-temps qu'on n'a pas vu, que *c'est du fruit nouveau que de le voir* ; on dit qu'*un homme est bien nouveau dans son métier, dans sa charge*, pour dire, qu'il n'y est guère expérimenté ; *novice*, substantif, se dit d'un homme ou d'une femme qui a pris nouvellement l'habit de religion dans un couvent, pour s'y éprouver pendant un certain temps, dans le dessein d'y faire profession; *un jeune novice*; on appelle en général *ferveur de novice*, l'empressement à remplir les fonctions d'un nouvel état; *novice*, adjectif, signifie qui est nouveau, et peu exercé, peu habile en quelque métier, en quelque profession; *il est encore fort novice dans son métier; c'est être bien novice à la guerre que de* etc.; il se dit quelquefois par extension des choses prises pour la personne; *une main novice*; *une plume novice*; quand on dit: *je connois ce pays*, *cet homme*, *cet ouvrage*, cela veut dire: ce pays, cet homme, cet ouvrage ne sont pas *nouveaux* pour moi; *prendre connoissance d'une chose*, c'est prendre sur cette chose des idées qu'on n'avait pas, des idées *nouvelles*;

FAUT-IL écrire *nouvEau*, *nouvAu* — *NOvice*, *nAuvice* — *ConnOître*, *ConnEtre*, *ConnAître*?

Dans la série :

GLANER, *glane*, *gland*, *glandée*, *glandivore*, etc.

Glaner ramasser des épis de bled après la moisson; *dans l'ancien Testament Dieu défend aux propriétaires de glaner leurs champs*; *cette paysanne a glané plus d'une quarte de bled pendant l'août*; on appelle *glane* une poignée d'épis que l'on ramasse dans le champ, après que le bled en a été emporté, ou que les gerbes sont liées; *cette femme a fait tant de glanes en ce champ-là*; *ses glanes lui suffisent pour la nourrir*; on peut donc regarder la *glane* comme une sorte de *seconde moisson*; le *gland* c'est le fruit du chêne; *semer du gland; ramasser du gland*; *on prétend que les premiers hommes vivaient de gland*; *et d'une horrible toux les accès violents étouffent l'animal qui s'engraisse de glands*; on nomme *glandée* la récolte du gland;

aller à la glandée, c'est aller ramasser des glands; mais cette récolte n'est guère que la *seconde moisson*; la première, et probablement la meilleure, se fait par les animaux qui font du gland leur pâture ordinaire, ou de préférence; il y a donc une grande analogie entre *glane et glandée*; ainsi nous admettrons, au moins comme moyen mnémotechnique, pour l'orthographe de *gland*, et de ses dérivés, que tous les mots de cette série sont de la même famille;

FAUT-IL écrire *glAnd, glEnd — GlaN, glanT?*

Dans la série :

LACS, *lacet*, *lacer*, *lâcher*, etc.

Lacs, cordon délié; *on l'étrangla avec un lacs*; il se dit aussi d'un nœud coulant qui sert à prendre des oiseaux, des lièvres et autre gibier; *lacs* se dit encore d'un piége, d'un embarras, dont on a peine à se retirer; *il est tombé dans le lacs*; *on lui a tendu des lacs*; *il s'est tiré, il est échappé des lacs*; *elle le tient dans ses lacs*; on appelle *lacet* un cordon de fil ou de soie ferré par un bout, ou par les deux bouts, et dont les femmes se servent pour serrer leur corps de jupe; *serrer un lacet*; *coupez-lui son lacet*; il se dit aussi d'un lacs avec quoi on prend les perdrix, les lièvres, etc.; *lacer*, serrer avec un lacet; *lacer un corps de jupe*; *cette femme s'est lacée elle-même*; *elle n'est pas lacée droit*; *elle est lacée de travers*; *lâcher*, desserrer ce qui est lacé; *lâcher un corps de jupe*; *lâcher la bride à un cheval*; on dit *lâcher la main*, *lâcher la bride*, *lâcher la gourmette à quelqu'un*, pour dire, lui donner plus de liberté qu'à l'ordinaire; *lâcher la bride à ses passions*, s'abandonner entièrement à ses passions;

FAUT-IL écrire *laCet*, *laSSet?*

Dans la série :

Ver, *vermisseau*, *vermifuge*, etc.

Un gros ver; *un petit ver*; *le bois de noyer est sujet aux vers*; on appelle *ver luisant*, une sorte d'insecte, qui jette une lueur la nuit; *c'est en automne principalement qu'on voit des vers luisants*; on appelle *ver solitaire*, et encore *tenia*, un des vers qui se forment dans le corps humain; on le nomme solitaire, parce qu'il est ordinairement unique; il est plat comme un ruban, et croît jusqu'à une longueur prodigieuse; il est composé d'anneaux, et quoiqu'on en ait rendu des parties considérables, il ne laisse pas de vivre, et de croître tant que sa tête n'est pas sortie; on dit que *les méchants ont un ver qui les ronge*, pour dire, qu'ils sont tourmentés par les remords de leur conscience; l'Écriture Sainte dit, que *le ver des méchants*, *des réprouvés*, *ne meurt point*; en ce sens, on appelle *ver rongeur*, le remords qui tourmente continuellement le coupable, ou un chagrin dont la cause est cachée; on appelle *ver-coquin*, une sorte de ver, de chenille de vigne; *le ver-coquin ronge tous les ceps de vigne*; on appelle aussi *ver-coquin*, une espèce de ver qui s'engendre dans la tête de certains animaux, comme les moutons, et qui, après leur avoir causé une violente agitation, les fait enfin mourir; on appelle pareillement *ver-coquin*, une sorte de ver qui s'engendre dans la tête des hommes, et qui leur cause des *vertiges*; il se dit familièrement pour fantaisie, caprice; *c'est son ver-coquin qui le rend*; *la tête lui tourne*; *vermisseau*, diminutif, petit ver de terre; *ces oiseaux ne vivent que de mouches et de vermisseaux*; *vermifuge* se dit des remèdes propres à faire mourir les vers engendrés dans le corps humain, ou à les en chasser;

FAUT-IL écrire *vEr, verT, verS?*

Dans la série:

VERRE, *verrerie*, etc.

Verrerie se dit du lieu où l'on fait le verre, de l'art de le faire, et de toute sorte d'ouvrages de verre; *établir une verrerie*; *il entend bien la verrerie*; *une charretée de verrerie*;

FAUT-IL écrire *verRE, verS?*

Dans la série:

VERS, *versifier*, *versificateur*, *versification*, etc.

Les *vers* sont des mots mesurés et cadencés selon certaines règles fixes et déterminées; *vers latins*; *vers grecs*; *vers françois*; *la plupart des nations modernes riment leurs vers*; on dit proverbialement, et par antiphrase, *faire des vers à la louange de quelqu'un*, pour, médire de quelqu'un; *versifier*, faire des vers; *il versifie bien*; *il passe son temps à versifier*; *versificateur*, qui fait des vers; *versification*, l'art de versifier;

FAUT-IL écrire *verS, verT — versificaTion, versificaCion?*

Dans la série:

VERT, *verte*, etc.

On dit, *sur l'herbe verte*, *sous la verte feuillée*; *tout est vert au printemps*; *jouer au vert*, c'est jouer, dans le mois de mai, à une sorte de jeu, où l'on est obligé, sous de certaines peines, d'avoir toujours sur soi quelques feuilles de vert, cueillies le jour même, et où chacun tâche de surprendre son compagnon, dans un temps où il n'a point de vert; c'est par allusion à ce jeu qu'on dit, *prendre quelqu'un sans vert*, pour dire, le prendre au dépourvu;

DANS QUEL CAS FAUT-IL écrire *veR*, *verRE*, *verS*, *verT*?

Dans la série :

VICAIRE, *vice-président*, *vice-amiral*, etc.

Vicaire celui qui est établi sous un supérieur pour tenir sa place en certaines fonctions; il se dit plus ordinairement de celui qui fait des fonctions ecclésiastiques sous un supérieur; *le curé et son vicaire*; *le grand-vicaire*, *le vicaire-général d'un archevêque*, *d'un évêque*, etc.; on appelle le pape *vicaire de* JÉSUS-CHRIST; on appelle à Rome *grand-vicaire*, le cardinal à qui le pape a confié particulièrement l'administration ecclésiastique de la ville de Rome; on appelle *vice-président* celui qui exerce la fonction du président en son absence; *le vice-président d'une académie*; *le vice-président du conseil de guerre*; *vice-amiral*, celui qui commande une armée navale en l'absence de l'amiral, et sous ses ordres, quand il est présent; il se dit aussi du second vaisseau de la même flotte; *il servait sous le vice-amiral*;

FAUT-IL écrire *viCaire*, *viQuaire* — *viCe-président*, *viSSe-président*?

Dans la série :

DEGRÉ, *gradation*, *grand*, *grandir*, etc.

Degré signifie marche; *les degrés d'un escalier*; *monter les degrés*, *descendre les degrés*, *des degrés de*

12.

pierre, des degrés de bois; on appelle aussi degrés les différentes parties dans lesquelles le baromètre et le thermomètre sont divisés, et qui servent à marquer, dans le premier, la pesanteur actuelle de l'air, et dans le second, le plus ou le moins de froid et de chaud; *le baromètre est descendu à vingt-sept degrés*; *le thermomètre est monté à trente degrés*; *gradation*, signifie en général augmentation successive et par degrés; pour se faire une idée facile du mot *gradation*, on peut se figurer la série des marches d'un escalier bien fait, bien régulier; *la gradation de la lumière est sensible depuis le point du jour jusqu'au lever du soleil*; en peinture, il signifie le passage insensible d'une couleur à une autre; *grandir*, signifie devenir *grand*; mais un homme, un arbre ne deviennent pas grands tout d'un coup; le verbe *grandir* suppose donc nécessairement des degrés, une *gradation*;

FAUT-IL écrire *grAnd*, *grEnd* — *granD*, *granT*?

Dans la série :

CHÈVRE, *cabri*, *cabriole*, *caprice*, *capricorne*, etc.

Un troupeau de chèvres; *du lait de chèvre*; on appelle *barbe de chèvre*, ou *barbe de bouc*, une barbe qu'on laisse venir longue, grande, sous le menton; lorsqu'une *chèvre* est attachée, sa pâture est enfermée dans un cercle dont sa corde est le rayon; on dit proverbialement *où la chèvre est attachée, il faut qu'elle y broute*, pour dire, qu'il faut s'en tenir à la condition, à la profession où l'on se trouve engagé; *il bondit comme un chevreau*, ou *comme un cabri*; *un quartier de cabri*; le *chevrier du village*; *un berceau de chèvre-feuille*; *les satyres sont appelés dieux chèvre-pieds*; *des gants de chevrotin*, peau de chevreau corroyée; le *chevreuil* a quelque chose de la figure et des mœurs de la *chèvre*; *chevrette*, la mère du chevreuil; *chevrillard*, diminutif, *petit chevreuil*; *mon fusil est chargé de chevrotines*, *à chevrotines*; *se cabrer* peut s'entendre du cabri et de la chèvre, lorsqu'ils se dressent sur les pieds de derrière, mais se dit particulièrement du cheval; *ne tirez pas la bride à ce cheval, vous le ferez cabrer*; *ce cheval se cabre*; il signifie aussi s'emporter de dépit, ou de colère, se révolter contre un conseil, une remontrance, etc.; *on ne saurait lui dire un mot qu'il ne se cabre*; *ne lui dites pas cela, vous allez le cabrer*, *le faire cabrer*; on appelle *cabriole* le saut d'un danseur qui s'élève agilement; faire aller un cheval à *cabrioles*; *ce danseur*, *ce baladin cabriole bien*; *il fait cabrioler son cheval*; *c'est un excellent cabrioleur*; le *cabriolet* est une sorte de voiture légère, montée sur deux roues; *caprice*, fantaisie du cabri, de la chèvre; *cabriole* d'humeur, d'esprit, d'imagination; *caprice* ne se prend pas toujours en mauvaise part; *il se gouverne plus par caprice que par raison*; dans ce cas, il signifie fantaisie, boutade; mais lorsqu'il se dit pour saillie d'esprit, d'imagination, il peut se prendre en bonne part; *ce poète ne compose que de caprice*; *cet auteur a de beaux*, *d'heureux*, *d'excellents caprices*; il se dit aussi de certaines pièces de musique, de poésie, de peinture, etc., où l'auteur, s'abandonnant à son génie, ne suit d'autre règle que son imagination; *cet organiste a joué un fort beau caprice*; *la chèvre est essenciellement capricieuse*; *un esprit capricieux*; *cet homme agit très-capricieusement*; on appelle *capricorne* un des douze signes du zodiaque qu'on a coutume de représenter par la figure d'un bouc; *le tropique du capricorne*; *lorsque le soleil est dans le signe du capricorne, le temps est en général fort inconstant*;

FAUT-IL écrire *Cabri*, *Kabri* — *capriCieux*, *caprisSieux*, etc.

Dans la série :

SEMBLABLE, *similitude*, *singe*, *gambade*, etc.

Semblable signifie pareil, qui ressemble, qui est de même nature; de même qualité; *ces deux choses sont semblables, tout-à-fait semblables*; *il me fit tels et tels discours, et autres semblables*; il est aussi substantif et il se joint toujours avec le pronom possessif; *c'est un homme qui n'a pas son semblable*; *l'humanité nous oblige à avoir pitié de notre semblable, de nos semblables*; on appelle *triangles semblables* et en général *figures semblables*, les triangles et autres figures de géométrie, qui ont leurs angles égaux chacun à chacun, et outre cela, les côtés qui forment ces angles proportionnels; *similitude* signifie ressemblance; en termes de rhétorique, c'est la comparaison par laquelle on fait voir quelque rapport entre deux choses de différentes espèces; *il nous fit comprendre cette vérité par une belle similitude*; *les similitudes sont souvent employées dans l'Évangile*; *le prophète Nathan fit connoître à David son péché par une similitude*; on dit aussi quelquefois *la similitude des triangles, des figures de géométrie*; le *singe* est de tous les animaux celui qui, extérieurement, *ressemble* le plus à l'homme; on dit d'un homme extrêmement laid qu'*il ressemble à un singe*, qu'*il est laid comme un singe*, qu'*il a le visage d'un singe*; le singe est naturellement fort souple et fort agile; ainsi l'on dit d'un homme fort adroit, fort agile et fort souple de son corps, qu'*il est adroit comme un singe*; on dit aussi *malin comme un singe*; *singe* se dit encore de celui qui contrefait, qui imite les gestes, les actions de quelqu'autre; *il contrefait le geste, l'action, la parole de tous ceux qu'il voit, c'est un vrai singe*; en parlant d'un homme qui imite avec trop d'affectation le style, le tour et les manières d'un autre, on dit qu'*il en est le singe; gambade* peut s'entendre du saut, des sauts du singe; *un jour les animaux s'assemblèrent dans le dessein de choisir un roi*; *le singe qui mouroit d'envie de l'être, fit en leur présence des tours si surprenants, et des gambades si légères, qu'après avoir charmé par sa souplesse toute l'assemblée, il enleva les suffrages et fut nommé roi*, etc.; on dit proverbialement *payer en monnoie de singe, en gambades*, pour dire, se moquer de celui à qui l'on doit, au lieu de le satisfaire; *je lui ai demandé ce qu'il me doit, il m'a payé en gambades, en monnoie de singe*; ce proverbe vient de ce qu'autrefois les bateleurs qui montraient des singes, étaient obligés, pour tout péage à l'entrée des villes, de faire danser leurs singes; *gambade* se dit plus souvent d'une espèce de saut sans art, et sans cadence; *faire une gambade, des gambades; jamais homme ne fut si gai, il faisait mille gambades*;

FAUT-IL écrire *sInge*, *sAinge* — *sinGe*, *sinJe*?

Dans la série :

Paix, *pacte*, *pacifique*, *pacifier*, etc.

Paix l'état d'un peuple qui n'est point en guerre; *entretenir la paix*; *garder la paix*; *troubler*, *enfreindre*, *rompre*, *violer la paix*; *paix par mer et par terre*; *paix* se prend aussi pour traité de paix; *conclure la paix*; *signer la paix*; on appelle *paix fourrée*, *paix plâtrée*; une fausse paix, faite de mauvaise foi par les deux parties, et avec intention de la rompre lorsqu'il leur sera utile de le faire; *paix* se dit aussi de la concorde et de la tranquillité qui est dans les familles, dans des communautés; *ces deux maisons se ruineront, si quelque homme de bien n'y met la paix*; *cette maison est une maison de paix*; de deux personnes qui étaient brouillées ensemble et qui se sont reconciliées, on dit qu'*elles ont fait la paix*; et d'un homme qui est rentré dans les bonnes grâces de son maître, de son protecteur, qu'*il a fait sa paix*; il signifie aussi la tranquillité de l'âme, la paix que Dieu seul donne; *Dieu nous veuille donner sa paix*; *notre Seigneur donna la paix à ses disciples en les quittant*; *être en paix avec soi-même*; dans l'Écriture Sainte, Jésus-Christ est appelé l'*Ange de paix*; en parlant d'un homme qui porte toujours les esprits à l'union et à la concorde, on dit que *c'est un ange de paix*; on appelle *baiser de paix*, la cérémonie qui se fait à la grand' messe lorsque le célébrant et ses ministres s'embrassent; *paix* signifie aussi calme, silence, éloignement du bruit; *on vit ici dans une grande paix*; on dit proverbialement qu'*il faut laisser les morts en paix*, pour dire, qu'il ne faut point mal parler d'eux; on dit proverbialement *paix et peu*, pour dire, qu'on doit être content quand on jouit paisiblement d'une fortune médiocre ; *paix* est aussi une divinité révérée des païens ; *Vespasien dédia un temple à la Paix ; la Paix était représentée avec une branche d'olivier à la main* ; *pacte* se dit d'une convention ; or, un traité de paix quelconque suppose *une convention, des conventions* ; *il y a un pacte entr'eux, un pacte tacite* ; *on prétendait qu'il avait un pacte avec le diable ; pacifique* qui aime la paix ; *un prince pacifique* ; *un esprit doux et pacifique* ; il signifie aussi paisible, tranquille ; *le règne de Salomon fut un règne pacifique* ; *pacifier*, apaiser, calmer, en établissant la paix ; *depuis long-temps la guerre civile désolait ces contrées* ; *le prince les pacifia par sa prudence, sa modération et sa fermeté ;*

Faut-il écrire *pAix*, *pEix* — *paCifier*, *paSSifier* ?

Dans la série :

Ouvrir, *ouvert*, *odeur*, *épanouir*, etc.

Ouvrir une porte ; *ouvrir une armoire* ; *ouvrez les fenêtres* ; on dit *ouvrir l'accès à quelque chose*, pour dire, faciliter les moyens d'y arriver ; *ouvrir une forêt*, y pratiquer des routes ; on dit aussi *cette porte ne s'ouvre pas aisément* ; *la mer Rouge s'ouvrit pour laisser passer les Israélites* ; *les fleurs s'ouvrent au soleil* ; *j'avais la bouche ouverte pour vous dire* ; *dormir les yeux ouverts* ; *épanouir* se dit des fleurs qui commencent à déployer leurs feuilles et à sortir du bouton ; *un bouton de rose qui s'épanouit ; le soleil fait épanouir les fleurs* ; on dit *épanouir la rate*, pour dire, réjouir ; *je lui ai fait un conte qui lui a bien épanoui la rate* ; on dit *son visage s'épanouit*, *son front s'épanouit*, pour dire, qu'il se déride, qu'il devient serein ;

une rose épanouie; *son visage était tout épanoui*; *l'odeur* de l'eau de Cologne, enfermée dans une bouteille, n'est guère sensible que quand on en ôte le bouchon; *l'odeur* d'une fleur ne se fait guère sentir que quand la fleur s'ouvre, est ouverte, est épanouie; *bonne odeur*; *méchante*, *mauvaise odeur*; *odeur douce*, *suave*; *l'odeur de la rose*, *des parfums*; *je ne saurais souffrir cette odeur*; *odeurs*, au pluriel, se prend pour toutes sortes de *bonnes odeurs*; ainsi on dit qu'*un homme craint les odeurs*, pour dire, qu'il craint même celles qui seraient agréables pour d'autres que pour lui; on dit qu'un *homme est en bonne odeur*, *en mauvaise odeur*, pour dire, qu'il est en bonne réputation, en mauvaise réputation; on dit encore qu'*une chose serait de mauvaise odeur*, *dans le public*, pour dire, que le public serait mal édifié, qu'il aurait mauvaise opinion de celui qui la ferait; on dit d'une personne qui, ayant vécu saintement, est morte de même, qu'*elle est morte en odeur de sainteté*; *odorat* se dit du sens qui a pour objet les *odeurs*; *odorat excellent*, *subtil*, *fin*; *il n'a point d'odorat*; *cela blesse l'odorat*; *odorant*, *odoriférant* ont la même signification; mais *odorant* s'emploie plus en poésie, et *odoriférant* en prose; *les fleurs odorantes*; *le cèdre est un bois odorant*; *des parfums odoriférants*; *des aromates odoriférants*; *il y a des fleurs inodores*, sans odeur;

FAUT-IL écrire *ouverT*, *ouverS* — *Odeur*, *AUdeur*?

Dans la série:

TENIR, *tendre*, *tenter*, *attendre*, *attentif*, *atteindre*, *arrêter*, etc.

Tenir, avoir à la main, entre les mains, à la disposition du *tact*, *du toucher; tenir un livre; tenir une épée; tenir quelqu'un par le bras , par le corps*; on dit familièrement *tenir quelqu'un dans sa manche*, pour dire, disposer souverainement de quelqu'un , être en état d'en exiger ce qu'on voudra ; on dit de même *tenir quelque chose dans sa manche*, pour , en être assuré ; on dit au jeu de dés *tenir les dés*, pour dire, tenir le cornet, avoir la main pour jeter les dés ; et on dit qu'*un homme veut toujours tenir le dé dans la conversation*, pour, qu'il veut s'en rendre le maitre, et ne pas laisser parler les autres ;

Pour *tendre* une chose quelconque, une corde, par exemple, il faut que les deux extrêmités en soient *tenues* par quelqu'un, par quelque chose ; *tendre un arc* ; *tendre des filets aux oiseaux* ; *tendre des toiles pour le sanglier* ; *tendre une souricière* ; on dit qu'*un homme a l'esprit tendu, toujours tendu,* pour dire, qu'il l'a fortement appliqué à quelque chose ; *il a eu l'esprit si tendu tout le jour, qu'il faut bien qu'il prenne quelque relâche*; on appelle *tension* l'état de ce qui est tendu ; *cette fluxion lui causa une grande tension à la peau* ; on dit aussi *il s'est épuisé par une trop grande tension d'esprit*, application ;

Être attentif à un discours, c'est avoir l'esprit *tendu* sur ce discours pour le saisir, le comprendre, le *tenir, le retenir*; *c'est un homme capable d'une grande attention*; *c'est une cervelle, un esprit léger, incapable d'attention*;

Tenter, essayer, éprouver, mettre quelque moyen en usage pour faire réussir, pour *tenir* quelque chose;

la chose est trop difficile ; je ne veux pas seulement la tenter ; on dit *tenter fortune*, pour, hasarder quelque chose, dans l'espérance du succès ; *tenter* signifie quelquefois éprouver la fidélité ; *Dieu tenta la foi d'Abraham* ; *attenter*, former une entreprise contre les lois, dans une chose capitale ; *attenter à la vie de quelqu'un* ; *attenter sur la personne de quelqu'un* ; *attenter contre la liberté publique* ;

Attendre signifie épier, observer, à dessein de surprendre, de *tenir* ; des voleurs qui guettent les passans, *les attendent* ; le chat qui guette une souris, *l'attend* ; *attendre* signifie encore se promettre, avoir l'espoir de *tenir* ; *il ne faut attendre sa récompense que de Dieu* ; *que peut-on attendre d'un traître, que des perfidies? C'est un homme dont il ne faut rien attendre, dont je n'attends rien de bon* ; *il est à l'agonie, on n'en attend plus rien, on n'en attend plus que la mort* ;

Atteindre parvenir à *tenir* ; *il a beau courir je l'atteindrai bien* ; *il prit la poste pour atteindre ceux qui étaient devant* ; *il l'atteignit d'un coup de pierre* ; *il ne put atteindre son ennemi que du second coup de pistolet* ; on dit aussi *atteindre à une certaine hauteur* ; *atteindre au plancher* ; *atteindre au but* ; *je ne saurais atteindre là, jusque là* ; *je n'y puis atteindre* ; il signifie encore égaler ; *il se flatte d'atteindre Corneille, d'atteindre Racine* ; il signifie aussi parvenir à quelque chose ; *cette charge est au-dessus de sa portée, il n'y saurait atteindre* ; *atteindre à la perfection* ;

Arrêter, retenir le mouvement, le cours, le progrès, etc. ; *arrêter une horloge* ; *arrêter un homme qui s'enfuit* ; *arrêter l'eau par le moyen d'une digue* ; *arrêter ses yeux, ses regards sur quelque chose*; *arrêter sa pensée sur un objet*, y réfléchir attentivement; *il veut faire des poursuites contre moi, mais j'ai de quoi l'arrêter*; *je n'ai fait que dire une parole*; *je l'ai arrêté tout court, etc.*;

Faut-il écrire *tEndre*, *tAndre* — *AttEindre*, *attAindre* — *ArrEter*, *arrAiter*, *etc.*?

Dans la série:

Souffler, *siffler*, *poussif*, etc.

Souffler faire du vent, en poussant l'air par la bouche; *souffler dans ses doigts*; *il lui soufla dans l'œil*; *souffler sur une table pour en ôter la poussière*; il se dit de même de tout ce qui pousse l'air; *le vent de bise souffle rudement*; *le vent qui souffle vers le soir est souvent doux et agréable*; *ce soufflet est percé, il ne souffle plus*; il se dit aussi de l'homme et des animaux quand ils respirent avec effort; *dès que cet homme a monté six degrés, il souffle comme un bœuf*; *ce cheval est poussif, voyez comme il souffle*; on dit *laisser souffler les chevaux*, pour dire, les faire arrêter pour reprendre haleine; on dit proverbialement *si vous n'avez rien de plus chaud vous n'avez que faire de souffler*, pour dire, vous vous flattez vainement de cette espérance; on dit aussi proverbialement *il croit qu'il n'y a qu'à souffler et à remuer les doigts*, en parlant d'un homme qui s'imagine qu'une chose est aisée quoiqu'elle soit fort difficile; en termes de l'écriture on dit que *l'esprit souffle où il veut*, pour dire, que Dieu communique ses grâces à qui il lui plait; on dit familièrement qu'*un homme n'oserait souffler*, qu'*il ne souffle pas*, pour dire, qu'il n'oserait ouvrir la bouche pour faire des plaintes, des remontrances; *il faut qu'il endure et qu'il ne souffle seulement pas* ; *il est si fier, si impérieux qu'on n'oserait souffler devant lui*; on dit *souffler aux oreilles de quelqu'un*, pour dire, lui inspirer, lui vouloir persuader de méchantes choses; *les flatteurs lui soufflent sans cesse aux oreilles*; *c'est ce méchant homme qui lui a soufflé aux oreilles*; *souffler* est aussi actif, comme dans ces phrases: *souffler le feu*, pour dire, souffler sur le feu pour l'allumer; *souffler une chandelle*, pour dire, souffler sur la flamme d'une chandelle pour l'éteindre; *souffler de la poussière*, pour dire, souffler sur de la poussière, pour l'ôter du lieu où elle est; *souffler l'orgue*, pour dire, donner du vent aux tuyaux des orgues, par le moyen des soufflets; *souffler le verre*, *l'émail*, pour dire, façonner quelqu'ouvrage de verre, d'émail, en soufflant dans un tuyau, au bout du quel est la matière que l'on travaille; on dit *souffler la discorde*, *le feu de la discorde*, *la division*, etc., pour dire, exciter la discorde, la division, etc.; on dit proverbialement *souffler le chaud et le froid*, pour dire, louer et blâmer une même chose, parler pour et contre une personne; *ne vous fiez-pas à cet homme là, il souffle le chaud et le froid*; *souffler quelqu'un*; lui lire bas les endroits de son discours, où la mémoire lui manque; *souffler le prédicateur*; *il souffle les comédiens*; *souffler à quelqu'un un emploi*, *une charge*, etc., lui enlever un emploi, une charge, etc., à quoi il s'attendait; au jeu de dames *souffler une dame*, c'est l'ôter à celui contre qui l'on joue, parce qu'il a manqué de prendre avec celle-là une autre dame qui était en prise; un joueur dit dans le même sens à son adversaire, *je vous souffle*; on dit aussi: *souffler n'est pas jouer*; en termes de chasse on dit qu'un *chien a soufflé le poil à un lièvre*, pour dire, qu'il a presque appuyé le museau dessus, et qu'il l'a manqué; on dit aussi qu'*il lui soufflait au poil*, pour dire, qu'il le suivait de très-près; on le dit aussi par extension de quelqu'un qui est poursuivi de très-près; *il faillit à être pris, les hussards lui soufflaient au poil*; *souffler*, pris absolument, signifie quelquefois chercher la pierre philosophale, chercher à faire de l'or, de l'argent, par les opérations de l'alchimie; *il a dépensé tout son bien à souffler*; *il y a long-temps qu'il souffle*; on appelle *omelette soufflée*, une omelette faite avec des blancs d'œufs, de la crême et du sucre mêlés et battus ensemble; *siffler* former un son aigu, soit en serrant les lèvres et en poussant son haleine, en *soufflant*, soit de quelque autre manière; on dit de certains peuples qu'*ils sifflent en parlant*, pour, qu'ils font entendre beaucoup de lettres *sifflantes* dans leur prononciation; *siffler* se dit aussi des serpens, des cygnes, des oies, quand ils sont en colère; *on entendait siffler les serpens*; il se dit encore du bruit aigu que fait le vent, une flèche, une balle de mousquet, une pierre poussée avec force; *écoutez le vent comme il siffle*; *il entendait les balles de mousquet qui lui sifflaient aux oreilles*; on le dit aussi de ceux qui n'ont pas la respiration libre; *on l'entend siffler quand il dort*; *sa poitrine siffle*; il est aussi actif; *il siffle toutes sortes d'airs*; *ce merle, ce serin siffle tous les airs qu'on lui apprend*; *siffler un oiseau*, siffler près de lui pour lui apprendre à siffler des airs, des chansons; *qui est-ce qui a sifflé votre linotte, votre serin*; on dit *siffler quelqu'un*, pour dire, l'instruire de ce qu'il aura à dire, ou à faire

13.

en certaines occasions ; *on l'a bien sifflé, il ne manquera pas à l'interrogatoire ; il répondit à merveille, on l'avait bien sifflé* ; on dit populairement *siffler la linotte*, pour dire, boire plus que de raison, faire la débauche ; *siffler* se prend aussi pour désapprouver avec dérision ; *cette comédie a été sifflée ; si vous faites cette proposition, on vous sifflera ; le sifflet* est un petit instrument avec lequel *on siffle ; sifflet de bois, d'argent, de verre* ; il signifie aussi la trachée artère, ou le conduit par lequel on respire ; *on lui a coupé le sifflet*, et ce n'est qu'en cette phrase qu'il est d'usage ; on dit familièrement *couper le sifflet à quelqu'un*, pour dire, le rendre muet, le mettre hors d'état de répondre ; *persifler* (*), rendre quelqu'un instrument et victime de la plaisanterie par les choses qu'on lui fait dire ingénument ; *il est souvent plus honteux de persifler que d'être persiflé* ; *poussif* se dit particulièrement d'une maladie des chevaux, qui fait qu'ils *soufflent* beaucoup, et qu'ils battent sans cesse du flanc ; *ce cheval est poussif* ; en parlant d'un gros homme, qui a quelque peine à respirer, on dit populairement que *c'est un gros poussif* ; et dans ce sens, il est substantif.

Faut-il écrire *Siffler*, *Ciffler* — *pouSSif*, *pouCif* ?

Dans la série :

Compte, *compter*, *censé*, *cens*, *censeur*, etc.

Compte signifie calcul, nombre ; *il sait le compte de son argent ; j'ai trouvé cent écus dans ce sac, c'est le compte* ; il signifie aussi le papier, l'écrit où l'on a

(*) L'analogie, ce me semble, demanderoit ou que l'on mît deux FF à *persifler*, ou qu'on n'en mît qu'une à *souffler, siffler*.

fait le calcul et la supputation de ce qu'on a mis ou qu'on a reçu, ou de tous les deux; on dit proverbialement *les bons comptes font les bons amis*; on dit *à tout bon compte revenir*, pour dire, qu'on est toujours reçu à compter, à calculer de nouveau; on appelle communément *compte rond*, un nombre composé de dixaines, de centaines ou de milliers sans fraction; *dix, vingt, trente, sont des comptes ronds*; cent, deux cent, mille, sont des comptes ronds; *vingt et un n'est pas un compte rond*; quand on compte par espèces, on appelle aussi *compte rond*, un nombre de ces espèces sans fraction; *quatre francs sont un compte rond*; *quatre francs vingt-cinq centimes n'en font pas un*; *cinq sous font un compte rond*; *cinq sous et demi n'en sont pas un*; on apelle familièrement *compte borgne*, un compte mal fait, qui n'est pas clair; on le dit aussi par opposition à *compte rond*; *trente six francs quarante centimes font un compte borgne*; *compter de l'argent*; *compter combien il y a de personnes*; *compter les voix*; *compter les suffrages*; *celui qui est trouvé avec les coupables est censé complice*; *il est censé et reputé tel*; *une loi est censée abolie par le non-usage*; le *cens*, chez les anciens romains, c'était la déclaration que chaque citoyen faisait de ses biens devant le magistrat; *cens* se dit aujourd'hui de la redevance en argent, de la contribution que les biens doivent annuellement au trésor public; *pour être admissible à la chambre, il faut être âgé de 30 ans, et payer le cens voulu par la loi*; *censeur* se dit de celui qui reprend, ou qui contrôle les actions d'autrui; sans épithète, il se prend toujours en mauvaise part; *c'est un censeur*, pour dire, c'est un homme qui trouve à redire à tout; il se prend en bonne et en mauvaise part, et c'est l'épithète qui le détermine; *un censeur équitable*; *un rude censeur*; *un censeur sévère*, *injuste*, *chagrin*, *pointilleux*; chez les Romains, on appeloit *censeur* un magistrat qui tenoit un registre du nombre des citoyens, et de leurs biens, et qui avoit droit de rechercher leurs mœurs et leur conduite; il se dit aussi d'un critique qui juge des ouvrages d'esprit; consulter un *censeur* éclairé, etc.

FAUT-IL écrire *Cens*, *Sens*?

Dans la série :

CENT, *centaine*, *siècle*, *séculaire*, *séculier*, *séculariser*, etc.

L'unité suivie de deux zéro (100) fait *cent*; *une centaine d'années*; *une centaine de francs*; *il y avait une centaine d'écoliers*; on dit adverbialement *à centaines*, *par centaines*, pour dire, en grande quantité; on appelle encore *centaine* le brin de fil, ou de soie, par lequel tous les fils d'un écheveau sont liés ensemble; *on coupe la centaine pour dévider l'écheveau;* le *siècle* est un espace de temps composé de cent années; *nous sommes dans le dix-neuvième siècle de l'ère chrétienne*; *le siècle qui court a commencé au 1er jour de l'année* 1801, *et finira le dernier jour de l'année* 1900; on dit familièrement et par exagération, *il y a un siècle qu'on ne vous a vu*; *il y a un siècle qu'on vous attend*; on dit *les siècles les plus éloignés*; *les siècles les plus reculés*, tant pour signifier les siècles qui ont de beaucoup précédé le nôtre, que pour signifier ceux qui viendront long-temps après ; *il rapporte là-dessus des exemples des siècles les plus éloignés, les plus reculés* ; *sa réputation ira jusqu'aux siècles les plus reculés* ; en parlant des quatre différens âges du monde, tels que les poëtes les supposent, on dit *le siècle d'or*, *le siècle d'argent*, *le siècle d'airain*, *le siècle de fer* ; on appelle *siècle d'or*, un temps heureux, où règnent l'abondance et la paix ; et *siècle de fer*, un temps rempli de malheurs, de guerres, de misères ; *siècle* se dit aussi d'un espace de temps indéterminé ; *les mœurs de notre siècle* ; *c'est un homme qui fait honneur à son siècle* ; il se dit aussi d'un temps célèbre, par le règne de quelque grand prince, ou par le concours des talents, des vertus portés à un point distingué ; *le siècle d'Auguste* ; *le siècle des Médicis* ; *les beaux siècles de l'Eglise, de la Grèce, de Rome* ; il se prend pour l'époque où florissait quelque homme célèbre ; *le siècle d'Hésiode* ; *le siècle de Pétrarque* ; *siècle* se dit encore par rapport aux bonnes ou aux mauvaises qualités des hommes, qui vivent, ou qui ont vécu dans le siècle dont on parle ; *la corruption du siècle* ; *ce siècle était ignorant, barbare, grossier* ; *depuis ce temps là, il est venu des siècles plus polis, plus éclairés* ; en termes de l'Écriture Sainte, on dit *aux siècles des siècles, dans les siècles des siècles*, pour dire, éternellement, dans toute l'éternité ; on dit quelque-fois *le siècle futur* pour, la vie future ; *il ne faut pas sacrifier les espérances du siècle futur pour les plaisirs du siècle présent* ; *les siècles futurs*, la postérité ; *siècle* signifie encore l'état de la vie mondaine, en tant qu'elle est opposée à l'état d'une vie chrétienne, d'une vie religieuse ;

les gens du siècle; *il se retira du siècle*; *vivre suivant les maximes du siècle*; *séculaire* n'est guère d'usage qu'en parlant des jeux *séculaires* des anciens, et des poëmes que l'on faisait dans ces occasions; le poëme *séculaire* d'Horace; on appelle *année séculaire*, l'année qui termine le siècle; *célébrer l'année séculaire*; *on ouvre la porte sainte à Rome à chaque année séculaire*; *séculier*, substantif, ne se dit que des laïques; *les choses qui ne sont pas messéantes à un séculier le seraient à un ecclésiastique*; *dans ce monastère on a fait un bâtiment pour les religieux, et un autre pour les séculiers*; *séculier*, *séculière*, adjectif, se dit tant des ecclésiastiques que des laïques, par opposition aux *réguliers*, à ceux qui sont engagés par des vœux dans une communauté religieuse; *prêtre séculier*; *clergé séculier*; dans le langage de la morale chrétienne; il est synonime de mondain; *une vie toute séculière et nullement chrétienne*; *ce chapitre, ce monastère a été sécularisé*; *il y avait des moines, on les a sécularisés*; *obtenir la sécularisation* d'un monastère, d'un chapître;

Faut-il écrire *cenT*, *cenS* — *Cent*, *Sent* — *séculAire*, *séculEre*?

Dans la série :

Sang, *sanie*, *saigner*, *sanglant*, *sang-sue*, *ensanglanter*, etc.

Le *sang* coule, circule dans les veines; *le sang en sortit*, *en jaillit avec impétuosité*; *son sang coulait*, *ruisselait de tous côtés*; *il crache du sang*, *le sang*; on dit se *battre au premier sang*, pour dire, se battre jusqu'à ce qu'il y ait quelqu'un des deux combattans de blessé; *mettre un pays à feu et à sang*, y commettre toutes sortes de cruautés; de gens irrités les uns contre les autres, et qui cherchent à se nuire par toutes sortes de voies, *ils se font la guerre à feu et à sang*; on dit que *deux personnes sont brouillées à feu et à sang*, pour dire, qu'elles ont l'une contre l'autre une violente animosité; on dit *suer sang et eau*, pour dire, faire de grands efforts, se donner beaucoup de peines, souffrir beaucoup; *j'ai sué sang et eau*, pour venir à bout de cette affaire; *ce prédicateur avait tant de peine à parler, qu'il me faisait suer sang et eau*; on dit d'un homme cruel qu'*il aime le sang*, qu'*il est altéré de sang*, que *c'est un homme de sang*, qu'*il se plait dans le sang*, pour dire, qu'il aime à repandre le *sang*; d'un homme qui a fait un meurtre, qu'*il a trempé ses mains dans le sang*; et d'un tyran qui a fait mourir beaucoup de monde, qu'*il s'est baigné dans le sang*; on dit quelquefois pour assurer une chose, qu'*on la signerait de son sang*; en parlant de quelqu'un qui a été obligé de se défaire de la meilleure partie de son bien, on dit qu'*il lui en a coûté*, qu'*il a donné le plus pur de son sang*; on dit, dans le même sens, en parlant d'un homme qui fait des vexations, qui pille le peuple, qu'*il suce le sang du peuple*, qu'*il s'engraisse du sang du peuple*; en termes de l'écriture, les mots *de chair et de sang* se prennent pour la nature corrompue; c'est dans cette acception que Jésus-Christ a dit à saint Pierre *ce n'est point la chair et le sang qui vous l'ont révélé*; dans la même acception, on dit *les affections de la chair et du sang*, pour dire, les sentiments naturels; on appelle *baptême de sang*, le martyre souffert sans avoir reçu le baptême; et dans ce sens on dit *le baptême de sang suffit pour acquérir la gloire éternelle*; *sang* signifie aussi race, extraction; *être d'un sang illustre, de sang royal*; *ils sont tous deux de même sang*; il se dit quelquefois des enfants par rapport à leur père; *c'est votre fils, c'est votre sang*; on appelle *la force du sang*, les sentiments secrets, qu'on prétend que la nature donne quelquefois, pour une personne de même *sang*, quoiqu'on ne la connoisse pas; on dit *la vertu des pères ne passe pas toujours avec le sang dans leurs enfants*, pour dire, que les enfants n'ont pas toujours les bonnes qualités de leurs pères; on dit proverbialement *bon sang ne peut mentir*, en parlant des enfants, qui tiennent quelque chose des bonnes qualités de leurs pères, ou de leurs mères; *je ne m'étonne pas que le fils d'un si grand homme ait fait de belles actions*; *bon sang ne peut mentir*; on dit la même chose, par ironie, en parlant d'une fille qui est coquette comme sa mère l'avait été; on se sert aussi du même proverbe pour marquer qu'ordinairement l'affection naturelle entre personnes de même sang ne manque pas de se découvrir, de se déclarer dans l'occasion; *ces deux frères étaient brouillés, on attaque l'un, l'autre le défend, bon sang ne peut mentir*; quand un homme a quelque bonne ou quelque mauvaise qualité qu'il tient de famille, on dit que *cela est dans le sang*; on le dit aussi pour dire que cette bonne ou mauvaise qualité vient de son tempérament; en parlant d'un pays dont les habitans sont ordinairement beaux et bien faits, on dit que *le sang y est beau*; d'une famille composée de personnes belles et bien faites, on dit que *c'est un beau sang*; on dit proverbialement qu'*un homme a du sang aux ongles, au bout des ongles*, pour dire, qu'il est sensible à l'injure, qu'il sait la repousser avec vigueur; et qu'*il a le sang chaud*, pour dire, qu'il est prompt et colère; on appelle *sang-froid*, l'état de l'âme qui n'est agitée d'aucune passion violente; *il lui a parlé d'un grand sang-froid*; *il lui a répondu avec son sang-froid ordinaire*; on dit qu'*un homme en a tué un autre de sang-froid*, pour dire, qu'il l'a tué de dessein prémédité, et sans aucun de ces mouvemens de colère, qui peuvent diminuer l'atrocité du crime; on appelle *sanie* le pus séreux qui sort des ulcères; *le pus véritable est plus épais et plus blanc que la sanie*; *un ulcère sanieux* chargé de sanie; *saigner du nez*; *il faut laisser saigner la plaie*; *le doigt lui saigne; son front saigne*; on dit proverbialement *saigner du nez*, pour dire, manquer de courage, de résolution dans l'occasion; *il s'était vanté de faire une action de vigueur, de parler hautement en pleine assemblée, mais il a saigné du nez*; on le dit aussi en général d'un homme qui, ayant pris quelqu'engagement, manque de parole, lorsqu'il s'agit de le remplir; on dit d'une offense, d'une injure, d'un malheur, dont on conserve, ou dont on conservera long-temps le souvenir, que *la plaie saigne encore, que c'est une plaie qui saignera long-temps*; on dit *le cœur me saigne, le cœur lui saigne*, pour dire, qu'on est sensiblement touché de quelque chose; *quand je pense à ce malheur-là, le cœur m'en saigne encore* ; *on ne peut voir une telle chose sans que le cœur ne saigne* ; *cela fait saigner le cœur* ; *saigner un malade*, lui tirer du *sang* ; *saigner du bras*, *saigner du pied* ; on dit *saigner un fossé*, *saigner un marais*, pour dire faire écouler par des rigoles, une partie de l'eau d'un fossé, d'un marais ; et *saigner une rivière*, pour dire, faire prendre un autre cours à une partie de l'eau d'une rivière ; *saigner* se prend aussi pour exiger, tirer de l'argent par taxe ou par contribution ; *les gens d'affaires étaient trop riches, on les a un peu saignés* ; on dit *se saigner* pour dire donner jusqu'à s'incommoder ; *il faut que chacun se saigne dans les nécessités de l'état* ; *ce père aimait tant sa fille qu'il s'est saigné pour la bien marier* ; *sanglant*, taché, souillé de sang ; *on lui apporta la robe de son fils toute sanglante* ; *il a encore les mains sanglantes du meurtre qu'il vient de faire* ; *un combat sanglant*, *une défaite sanglante*, *une rencontre sanglante*, où il y a eu beaucoup de *sang* de répandu ; on appelle *mort sanglante* une mort violente avec effusion de sang ; on appelle le sacrifice de la messe, *sacrifice non sanglant* ; d'une viande rotie qui n'est pas assez cuite, on dit qu'*elle est encore toute sanglante* ; *on servit un aloyau tout sanglant*, *un gigot tout sanglant* ; en parlant d'une douleur, d'une affliction, d'une injure récente, on dit *la plaie est encore toute sanglante* ; *il n'est pas temps de les vouloir accorder, la plaie est encore toute sanglante* ; il signifie aussi outrageux, offensant ; *un sanglant affront* ; *une injure sanglante* ; *il a fait une sanglante satire*, *une ironie sanglante* ; *il lui a fait un sanglant reproche* ; la sangsue est un insecte aquatique qui suce le *sang* des parties aux quelles on l'applique ; appliquer des *sangsues* ; faire dégorger une *sangsue* ; on appelle aussi *sangsues*, ceux qui tirent de l'argent du peuple par de mauvaises voies, par des exactions ; *ce sont les sangsues des peuples* ; *ce sont de vraies sangsues* ; on appelle aussi *sangsues*, ceux qui, dans leur profession, exigent une plus grande rétribution, que celle qui leur est due légitimement ; *ce procureur est une sangsue pour ses parties* ; *la blessure qu'il reçut ensanglanta tout son habit* ; *la terre était toute ensanglantée* ; on dit qu'*un prince a ensanglanté son règne*, pour dire, qu'il a été cruel, et qu'il a fait mourir beaucoup de monde ; on dit aussi qu'*il ne faut pas ensanglanter la scène*, pour dire, qu'il ne faut représenter aucun meurtre sur le théâtre ;

FAUT-IL écrire *sAng, sEng — sanG, sanT — sanGsue, saNsue* ?

Dans la série :

SENS, *sensé*, *sensible*, *sensation*, etc.

Nous recevons les impressions des objets extérieurs par les organes des *sens* ; les *sens* sont au nombre de cinq, la *vue*, l'*ouïe*, l'*odorat*, le *goût* et le *tact* ou le *toucher* ; la *vue* nous fait distinguer les couleurs ; l'*ouïe* nous fait entendre les sons ; l'*odorat* nous fait connaître les odeurs ; le *goût* nous fait distinguer les saveurs ; enfin le *tact* nous fait connoitre, dans les corps, le mou, le dur, le froid, le chaud, le sec, l'humide, etc., (*). *Les sens sont le*

(*) Outre ces cinq *sens* qu'on appelle *externes*, nous avons encore un *sens interne* qu'on appelle *le sens intime*, ou la

principe de beaucoup de nos idées; *les philosophes disent qu'il n'y a rien dans l'entendement, qui n'ait passé par les sens*; *cela flatte, touche, frappe les sens*; *les sens trompent quelquefois, surtout lorsqu'ils ne sont pas bien exercés*; *il a dans sa vieillesse tous les sens aussi vifs, aussi entiers, qu'un homme de vingt ans*; *il a encore l'usage de tous ses sens*; *quand il fut blessé à la tête, il perdit l'usage de ses sens*; on dit *mettre, appliquer tous ses sens, tous ses cinq sens de nature a quelque chose*, pour dire, y employer tous ses soins, toute son industrie; on dit, en style de morale chrétienne, *ne refuser rien à ses sens, donner tout à ses sens*, pour dire, s'abandonner à tous les plaisirs que les sens demandent; et *mortifier ses sens*, se priver des plaisirs des sens; *sens* signifie encore la faculté de comprendre les choses et d'en juger selon la droite raison; *c'est un homme de sens, de bon sens, de grand sens, de peu de sens, de petit sens*; *il a bon sens, le sens droit*; *il n'a que le bon sens naturel et sans culture*; *il a le sens troublé, égaré, aliéné*; on dit proverbialement *grosse tête, peu de sens*; on appelle *sens commun*, la faculté par laquelle la plupart des hommes jugent raisonnablement des choses; *cela choque le sens commun*; *c'est un sot qui n'a pas le sens commun*; *sens* se prend aussi pour un des côtés d'une chose, d'un corps; *mettez cette table, cette couverture de ce sens-là*;

---

conscience. L'homme a le *sentiment* de son existence, de sa raison, de sa liberté, c'est-à-dire le *sentiment intérieur*, le *sens intime* de son existence, etc., qui n'affecte aucun de ses organes externes.

on a mis cette étoffe du mauvais sens; *cette chambre a seize pieds en tous sens*; il se dit aussi, par analogie, des affaires et même des personnes; *il a pris cette affaire-là de tous les sens qu'on a pu imaginer*; *j'ai tourné cet homme-là de tous les sens, et je n'en ai rien pu tirer, rien apprendre*; *sens* se prend aussi pour la signification d'un discours, d'un écrit; *prenez bien le sens de ce que je vous dis*; *c'est le sens de mes paroles*; *donner un faux sens à un auteur*; *des paroles à double sens*; *le sens propre*; *le sens figuré*; *le sens littéral de l'écriture sainte, et le sens mystique ou spirituel*; *le sens allégorique*; *le sens moral*; *je ne vois pas le sens de ce que vous faites*, je n'en conçois pas la raison; il signifie aussi avis, opinion, sentiment; *vous ne donnez pas dans mon sens*; *il est fort attaché à son sens*; *sens dessus dessous* est une locution adverbiale, qui signifie qu'une chose est tellement bouleversée, qu'on ne reconnoît plus ni le dessus, ni le dessous; on dit aussi *sens devant derrière*, en parlant d'une chose qui présente la partie de derrière, au lieu de celle de devant; cette locution signifie aussi quelquefois qu'on ne reconnoît plus ce qui doit être devant, ni ce qui doit être derrière; *sensé* qui a du *bon sens*, de la raison, du jugement; *c'est un homme sensé, une tête bien sensée*; il signifie aussi, qui est fait conformément à la raison, au *bon sens*; *une réponse bien sensée*; *il a fait une action fort sensée*; *il parle sensément*; *il écrit fort sensément*; *tout ce qu'il fait, il le fait fort sensément*; *sensation*, impression que l'âme reçoit des objets par les sens; *il est difficile d'expliquer comment se fait la sensation*; *sensation agréable*; *sensation douloureuse*; *des sensations vives*; *faire sensation* se dit de ce qui produit une impression marquée soit momentanée, soit durable, dans le public, dans une assemblée, dans un spectacle; *cet événement*, *a fait sensation*, *une grande sensation.*

DANS QUEL CAS FAUT-IL écrire *sanG*, *cenT*, *Cens*, *Sens* — *Censé*, *Sensé*?

FIN.

TABLE.

TABLE DES SÉRIES.

FIN DE LA TABLE.

www.ingramcontent.com/pod-product-compliance
Ingram Content Group UK Ltd.
Pitfield, Milton Keynes, MK11 3LW, UK
UKHW020250250726
13967UKWH00004B/1589